梦山书系

张敏 编著

相遇语文家常课
——一名青年教师的课堂札记

海峡出版发行集团
福建教育出版社

图书在版编目（CIP）数据

相遇语文家常课：一名青年教师的课堂札记/张敏编著．—福州：福建教育出版社，2021.8
 ISBN 978-7-5334-9129-1

Ⅰ.①相… Ⅱ.①张… Ⅲ.①中学语文课—教学研究—高中 Ⅳ.①G633.302

中国版本图书馆CIP数据核字（2021）第155981号

Xiangyu Yuwen Jiachangke
相遇语文家常课
——一名青年教师的课堂札记
张　敏　编著

出版发行	福建教育出版社
	（福州梦山路27号　邮编：350025　网址：www.fep.com.cn）
	编辑部电话：0591-83779615　83727542
	发行部电话：0591-87115073　83721876　010-62027445）
出 版 人	江金辉
印　　刷	福州报业鸿升印刷有限责任公司
	（福州市仓山区建新镇建新北路151号　邮编：350082）
开　　本	710毫米×1000毫米　1/16
印　　张	12.75
字　　数	195千字
版　　次	2021年8月第1版　2021年8月第1次印刷
书　　号	ISBN 978-7-5334-9129-1
定　　价	33.00元

如发现本书印装质量问题，请向本社出版科（电话：0591-83726019）调换。

序一

做一棵向上生长的树

詹艾斌

百年大计，教育为本；教育大计，教师为本。新时代教育改革发展必须高度重视教师的成长与发展问题。作为具体教育教学改革的推动者和实践者，教师自身的教育理念、专业素养、教学能力等具有毋庸置疑的重要作用。然而，一个颇为突出的现实窘境是，相当一部分教师陷于庸常的状态中，很少去自觉考量明确的整体教育与学科教育主张的建构。一个人缺乏合理的教育理念，是难以说其具有高教育教学素养的。以此而言，立德树人教育目标的真正实现有待于一批又一批高成长的教师的涌现。

与张敏老师《相遇语文家常课》的相遇带给我一些温暖性的感受和思考。阅读这本书稿，我依稀看到了培养具有卓越品质的教师队伍的可能。在这本集子里，有着多样化的教学札记与相关的教学评述，它们不仅仅是某些课堂教学的片段式展示，而且是在一定体量的积累与归整下一种较为完整的教育教学面貌的呈现，是张敏老师个人教育主张与教育理念的具象表达。

在基础教育领域，当前有一部分语文教师存在突出的重术轻道的价值倾向，并表现出一定程度上的固执和倔强，陷于庸常而不自知，耽于经验而自我满足。根本性理念的匮乏与育人追求的阙如，语文教育教学何以能致深致远？由此反观，我们可以明确，本书洋溢着的颇为鲜明的语文教育理念和理想，是值得广大教师参考、借鉴和进一步思索的。

语文教育教学绝非单纯的知识传授，更不是拘泥于形式的教学炫技，而是一种直面语文根本、直面生命生长的探索。在《每一个生命，都让我们牵挂——〈祝福〉教学札记》中，张敏老师以清明之际追远先祖为引，带领学生思考生命，进而分析祥林嫂的悲剧命运及其缘由。显然，语文教育总体上以文学文本为教学媒介，相应地，其必然离不开对人的关注和探问。或许正是因为深谙此理，张敏老师颇能把握住文本的生命趣味和生命韵致，从而进入文本的核心，引导学生积极地思考语文学习的根本问题，体味生命成长的重要质素。在《从批判性思维视角组织教学——〈荆轲刺秦王〉教学札记》中，张敏紧紧围绕荆轲的人物特点进行分析，以批判性思维审视其刺秦的动因，从时代与人物的关系等方面来探析人物的品格，发掘出不一样的荆轲形象，以此来拓宽学生对世界的认知，增进对生命的感悟。而在《一次课前演讲改变了一堂课的进程——〈寡人之于国也〉教学札记》中，张敏老师因学生演讲中表现出的关于传统文化的深度思考而临时调整课堂，由学生的意愿出发，结合文本，激发学生更为深入地探索。以此而论，张敏老师的教学是因人而文、由文致人的，是真正关切生命、关注学生成长的课堂。文学是一种生命评价的形式，语文教材文本解读在很大程度上是一种关乎生命的解读。解码生命，解读生命的可能性，可以更好地引导学生对自我进行思考和反省，从而挖掘出个体生命成长所具有的无限潜能，这也正是"在生成中突破"一辑所表达的主题。语文课堂是生成式的课堂，其需要借力于教育教学实践中教师、文本与学生之间多维度的对话和交流。这种对话和交流，直接指向师生生命的体验、感悟与思索。比如，在《紧扣重难点，动态显生成——〈别了，不列颠尼亚〉教学札记》中，张敏老师紧扣香港回归时不同人的心情、情绪，引导学生展开讨论，以此达成情感的共鸣，有效地落实了生命体验真切、情感丰沛的爱国主义教育要求。

在很大程度上，语文教育是一种人文教育，其关乎人的生命的成长与发展。因此，"立德树人"不仅仅是外在的任务驱动，更是语文教育内在的品质要求。语文教师期望积极因应这一要求，就必须先成为一名氤氲师者德性的人。在本书中，对学生发展诉求的回应可以看成是张敏师者德性的重要体现和表达，诚如《在常识处洞开幽微深邃的世界》中，段增勇老师对张敏老师语文课堂的评价："从常识处洞开非常景观，从落实里涵养生命根脉。"对张敏来说，这样的教学实践是常态化的。又如其执教的《劝学》一课，可以说，这是富有生命润泽感的一堂课，其融审美与文化于一体，旨在让学生深切地体悟君子品格的内蕴和根本，使学生获得君子人格的感召。

如此看来，张敏老师已然具备较为明确的生命教育理念，紧紧抓住语文教育"立德树人"的根本任务，在具体的教学实践中积极推动学生的成长。纵观其整个教育教学札记，无论是教学能力还是文本解读能力，都有着很好的体现。而更让我动容的是，张敏老师对语文教育的追求表现出一种强烈的自我生长的主体愿望。

人，大多容易囿于周遭环境而在一定程度上表现出颓怠和慵懒的面貌，但真正具有自我生长的主体愿望的人却能尽其所能地向上、向善、向美，学会戴着"镣铐"起舞。在《回望一段相约成长的生命时光》一文中，张敏老师这样反思自己，"如果说满足于混日子，把教书仅仅当成谋生的手段，我们同石匠、木匠这些传统的艺人有什么区别？""教师是我们的身份，教书是我们的事业。因此，教学便是着力点与落脚点。专业阅读、专业写作、专业交往便是为了这个着力点与落脚点"。可见，平庸的日子并没有击溃其作为一名教育者的热忱和个人发展的愿望。在育人这一根本目标的推动下，他竭力找寻教师事业的价值和意义，并颇为深刻地认识到，教师自身的富足与强大是促进学生成长与发展的一剂良方。教师不应该只停留于成为技艺精湛的教书匠这一追求上，更当努力成为具有合理的教育理念、丰满的教育理想、浓郁的教育情怀、深厚的专业素养的语文教育家。而这，或许是本书的真正光源所在，是作者倡导的一种教育主张，也是一种教育向往。

成为语文教育家，或者说，成为卓越的语文教育者，绝不是凌空蹈虚的妄谈。在较长一段时间的教育教学改革探索及专业拔尖人才培育实践中，我渐次确立起"卓越四维"的理论框架。简要地说，其具体表现在"德""能""美""行"四个方面。德——理想信念崇高，坚持立德树人、以德化人，注重教师德性养成，师爱无形、富于人格魅力；能——可持续学习能力强，学科专业核心素养深厚，教研教学实践与反思能力卓越，技能出众，知识传承、生产与创新能力突出；美——内外兼修、阳光美雅，趣味高尚、以美育人，教育教学情感充盈而有光辉，美人之美、合作协同；行（德、能、美的外化）——以师德为引领（确立师行的根本立场与态度），传道行健（做学生的"引路人"，意坚行笃），教育教学改革行为坚定，积极建构教育新生活，超越自我、实践生成（在长期的教育教学实践行为和明确创设"美丽教育"的过程中成长为卓越教师）。以此观之，张敏老师的教育教学实践及其思考无疑是值得重视和肯定的。"卓越四维"的理论构建，当然不是"漫步云端"的无边想象，而是基于当下语文教师专业发展的可能性探索，它更为具体地将卓越语文教师的判别尺度规定为"好的"语文学科素养、"好的"语文教学课堂、"好的"语文教育教学研究文章（著述）、"好的"语文教育教学理论主张的"四好"标准。很显然，拥有真正的"好的"语文学科素养、"好的"语文教学课堂、"好的"语文教育教学研究文章（著述）、"好的"语文教育教学理论主张，是成为一名卓越语文教师的基本要求，也是新形势下语文名师培养的必然路径。从这个意义上来说，语文教师的成长并非个体在黑暗中踽踽独行、恣肆探索，而是必须在一定的语文教育理念和主张的引导之下循光而行，正如张敏老师所表现出来的颇为明晰的专业发展路径——从语文学科性质出发，把握其生命教育与德性培育的内在要求，以批判性、创造性思维积极反思，敦促主体生命的成长。

"人可以生如蚁而美如神。"追求卓越，当然需要这样一种美好的愿望。为师者，职在"传道、授业、解惑"，其理应感召、影响他人，用生命涵养生命，用生命润泽生命。教师要做一棵生长着的树，以自身的摇曳带动他人的摇曳，以自身的生命激活他人向上、向美的愿力。如是，生命的成长才是不止息的，教育也方有更大的可能性。或许，这便是为师者张敏的祈望之所在。

2020年5月，于江西师范大学瑶湖校区

（作者系教育部语文教学指导专业委员会委员，文学博士，江西师范大学文学院教授，院长，博士生导师）

序二

遇 见

李 勇

张敏老师是我校 2020 年从全省公开选调的优秀教师。

其实,早在 2019 年我们便已相识。记得暑假期间八月的一天,在省城办事的张敏老师经朋友介绍来到我的办公室。寒暄闲聊间隙,他便从随身携带的电脑包里拿出一大沓获奖证书、个人论著及发表的论文,娓娓叙说着他的教育教学经历。初次相见,其为人憨厚而谦逊有礼,令我印象深刻。

作为一所新建高中的校长,对优秀教师渴慕之至,如获至宝,当时选调虽已结束,但仍急切地邀请他先过来。可只见他不紧不慢地说:今年下半年带高三,必须把孩子们都送到心仪的大学,我才能离开,明年一定报名参加。

2020 年高考过后,张敏老师再次来到我的办公室。其步履匆匆,气喘吁吁,坐下未来得及喝口水,便说:今年我一定报名参加选调。8 月 26 日,临近中午,突然接到张敏老师电话:马上到学校来。我说,在食堂等你吃饭。在嘈杂闷热的食堂,只见他满头大汗,满面喜悦地告诉我:面试成绩第一。我们边吃边聊,说起他回原单位调动的程序,他告诉我,虽有难处,但必能成功。

张敏老师开学后如期而至,住学校公寓,随身带的只有几件行李,但邮寄来了三箱书籍。稍事安顿后,他递给我一叠书稿,说想出版一本书,书稿已交出版社,想请我作序。我翻开扉页,见到书稿中的作者介绍,眼前一亮。我也曾经像张敏老师那样站在绍兴鲁迅中学鲁迅先生塑像前留影。后来的一次教师分享会上,他说之所以选择这张照片作为背景,是因为敬仰鲁迅先生!

翻开张敏老师散见于诸多主流语文期刊的十五篇教学札记,或是课堂教学精彩瞬间的展示，或是课后真诚而理性的反思，虽略显野性，但淳朴而真实，有一股家常课的味道；尤其是当今语文教学界大咖对其札记精彩而犀利的评点，拨开了语文教学中的诸多迷雾。这或许是这本书稿的重要价值之一。

虽然同为语文人，但是这些年来，我集中全部精力筹办新学校，物色新老师。也正因为如此，便常常遇见众多的优秀老师。作为校长，如果能为他们自己喜欢的事业做一点点工作，给他们的职业生涯涂抹一点点亮色，那将是我人生最大的幸事。

我极少给人写序，但实在禁不住张敏老师的反复催促，只得匆忙记下与他交往的几个片段，以不辜负这场相遇。

佛说，人生下来便是为了遇见。我们选择做教师，做教育，便是为了遇见理想的教育与生活，欣赏到美丽的风景，丰盈岁月与生命。期待诗意教育的生命之光照亮我们前行的路，璀璨我们的职业人生。

在铭高遇见张敏，真好！

2020 年 11 月 2 日

（作者系合肥八中教育集团铭传高级中学校长）

目　录

第一辑　从细小处切入

01. 每一个生命，都让我们牵挂
　　——《祝福》教学札记 ………………………………… 3
　　点评　好的教学要有好的引发/陈继英 …………………… 9

02. 从批判性思维视角组织教学
　　——《荆轲刺秦王》教学札记 …………………………… 13
　　点评　"批判"金针度与人，藕花深处美生成/成少华 …… 18

03. 细节，请细细品读
　　——《项脊轩志》教学札记 ……………………………… 21
　　点评　让学习真正发生/郭跃辉 …………………………… 27

第二辑　于破题中推进

04. 依体解构　聚焦难点
　　——《记梁任公先生的一次演讲》教学札记 …………… 33
　　点评　在比较中实现熟悉与陌生的相乘/汲安庆 ………… 42

05. 依"劝"破题　披文入理
　　——《劝学》教学札记 …………………………………… 48
　　点评　文本教学价值的转化与教学内容的生成/欧阳林 … 51

06. 依题寻道　探文明理
　　——《过秦论》教学札记 ·················· 59
　　点评　以学生的"学"来决定教师的"教"/黄争荣 ·········· 66
07. 一次课前演讲改变了一堂课的进程
　　——《寡人之于国也》教学札记 ················ 69
　　点评　也谈教学的境界和艺术/程浩平 ··············· 72

第三辑　因品悟而抵达

08. 依托学情　突破难点
　　——《荷塘月色》教学札记 ·················· 79
　　点评　让阅读教学真实发生/肖培东 ················ 85
09. 这并非闲笔
　　——《过小孤山大孤山》教学札记 ··············· 90
　　点评　散文教学"散"与"闲"/吴　忌 ·············· 94
10. 赏字析句　质疑问难
　　——《师说》教学札记 ···················· 98
　　点评　批判性阅读教学要把握好"五个度"/邹天顺 ········ 100
11. 对话"君子"的背后
　　——《劝学》教学手札 ···················· 106
　　点评　在常识处洞开幽微深邃的世界/段增勇 ··········· 108

第四辑　在生成中突破

12. 紧扣重难点　动态显生成
　　——《别了，不列颠尼亚》教学札记 ·············· 117
　　点评　新闻教学中的生成味道与语文底色/李仁甫 ········· 129
13. 用好三类号　课堂妙生成
　　——《记念刘和珍君》教学札记 ················ 132

  点评 "学习中心"的建立与呈现/陈兴才 ·················· 138
14. 在预设与生成之间舞蹈
  ——《项羽之死》中"垓下之围"教学札记 ·················· 141
  点评 合理预设 有效生成/周丽蓉 ·················· 146
15. 在动态生成中"裸"出精彩
  ——《子路、曾皙、冉有、公西华侍坐》教学札记 ·················· 152
  点评 自由呼吸的课堂/陈淮高 ·················· 157

附录
静水流深，方见其真
  ——《沙之书》听课札记 ·················· 160
从新课标视角观照生成课堂 ·················· 167
回望一段相约成长的生命时光 ·················· 175

后记 努力活成一束光 ·················· 185

第一辑

从细小处切入

01. 每一个生命，都让我们牵挂

——《祝福》教学札记

清明放假回来，我开始上《祝福》。这不是刻意的安排，而是时间为我们与文本相遇创造的一次机会。师生刚刚从祖先的坟前跨进教室，肯定也思考过死亡。

小说中这样一句话——"（祥林嫂是）被人们弃在尘芥堆中，看得厌倦了的陈旧的玩物"引起了我的注意。其实，浩浩天地间，每一个人都如一粒不起眼的尘埃。祥林嫂正是那万千飞扬的尘土中的一粒。这篇小说的作者鲁迅说过："无穷的远方，无数的人们，都和我有关。"我想，祥林嫂也应该和我们有关。

肖培东老师讲过："课堂需要有和文本匹配的场景和氛围，但天地的营造只是辅助。"此刻，站在讲台上的我，又会把学生带到哪里呢？

一、课文导入

上课伊始，便有了这样的导入：

清明刚过，想必大家一定祭奠过祖先，也思考过死亡。不管怎么样，人们对亡人总是怀有一份关注与尊重。但是，有一个人死去了，却并未享受到这样的礼遇，哪怕是礼节性的。这个人，就是祥林嫂。今天就让我们走进小说《祝福》，去审视这样一个人。

课前，多数学生已经阅读过这篇小说。这样的导入后，学生们也似乎陷入了沉思。这，恰恰是上课需要的状态。于是，便直接切入对文本的解读。

二、文本解读

"这样一个人,她死亡时,周围的人们是怎样看待她的呢?请同学们先找出相关语段,再大声地读一读。"我慢慢地说。

学生们很快找到了相关段落:在课本的第 16 页。在学生自由朗读之后,我又让大家齐读了一遍。

(一)阶级的冷漠

很快,学生便发现:四叔、短工、"我"对祥林嫂的死亡这同一件事的态度是不同的。于是课堂上便有了这样的对话:

"四叔说:'不早不迟,偏要在这个时候,——这就可见是一个谬种!'这里的'这个时候'是什么时候?说明了什么?"我问。

"'这个时候'是鲁镇的人们准备祝福的时候。这说明四叔这个人只关心祝福的事,不关心祥林嫂的死亡,足见其自私和冷酷无情。"

受我提问的启发,"'这就可见是一个谬种!'又说明了什么呢?"一个学生问。

课堂上有了沉寂。

我提示:"这是个什么句式?这里的'谬种'是什么意思?"

"四叔把祥林嫂叫'谬种',注释里说'谬种'是坏东西。在四叔的眼里,祥林嫂是个东西,而且是个坏东西,只是不是个'人'。他不把祥林嫂当'人'看,又体现了四叔对祥林嫂这个生命的漠视。"

"这句当中,'这'字就是'这个人'的省略,但四叔不说'这个人',而是说'这',也体现出其对祥林嫂的不屑。"

"这里用了一个感叹号,可见四叔对祥林嫂在这个时候死去还有些愤怒。人都死了,他还愤怒,足见其毫无人性。"

"那么这里的破折号呢?"我又问。

短暂的沉寂后,我再一次提示,"请大家关注句意"。

"破折号,带有解释、强调的意味。破折号前面说是'不早不迟,偏要在这个时候',说的话比较含蓄,可能四叔觉得心中的不满表达得还不够直接,便又叱骂祥林嫂'是一个谬种!',足见其内心的不满与愤怒,更加凸显四叔的自私和无情。"

学生们开始深入文本。他们开始明白四叔只说了一句话,便可以读出如此海量的信息,讨论也变得更加热烈。

(二)弱者的悲哀

趁热打铁,我请大家梳理短工听到祥林嫂死讯时的表现。

"这还不是和祥林嫂?"那短工简捷的说。

"死了。"

"什么时候?——昨天夜里,或者就是今天罢。——我说不清。"

"怎么死的?——还不是穷死的?"他淡然的回答,仍然没有抬头向我看,出去了。

借鉴上文对鲁四老爷的一句话的分析方法,学生很快找到了理解的路径,得出了短工对祥林嫂死亡的冷漠、漠不关心等信息。不过,我乘隙提出了一个问题:如果说封建大家族的鲁四老爷对祥林嫂的死展现出冷酷无情、毫无人性的神情,我们或许可以理解,因为鲁四老爷是社会的上层;但是同祥林嫂处于同等地位的短工,为什么对祥林嫂的死亡也是如此的漠不关心呢?

这个问题又让课堂有了短暂的沉寂。

不过一个眼尖的同学似乎发现了我表述的问题。

"老师,此时的祥林嫂,是乞丐,而且还乞讨了很长一段时间,连碗都破了,挂着的竹竿下端开裂了。她此时地位比短工要低。"

"那又说明了什么呢?"我笑着轻轻地问。

"说明短工毫无同情心。"

"说明短工自视高祥林嫂一等。"

"说明短工他不觉得自己像祥林嫂一样,都是处在社会的底层。"

"短工嘛,连长工都不是。祥林嫂好赖曾经在四婶家做了几年的长工,短工是临时请来帮忙的。"

学生们开始慢慢地说到点上,我点拨:"这体现了短工怎样的性格特征?"

"麻木""心里有等级观念""他不知自己地位低,甚至瞧不起比他地位还低的人"。

至此,学生对短工的挖掘才开始进入小说文本的较深层次,为后面的讨论做好了必要的准备。

（三）人性的萧索

小说中的"我"对祥林嫂的死亡态度很明显同四叔、短工是不同的。这一点从"我"心情的变化就看得出来。因此，梳理"我"的心情变化必然成为这节课的重要教学内容。在大家分析了四叔和短工对祥林嫂死亡的态度后，我提出了一个问题：作为这场对话的连接人，以及祥林嫂命运的见证人，"我"对祥林嫂的死持什么态度？文中是如何体现的呢？

学生很快发现，这一对话片段中没有较多的语言描写，有的只是大量的神态和心理描写。

"'我'的态度，体现在文中描写'我'的神态、心理的词语当中。"

"这些词语主要有哪一些呢？能否梳理一下。"

很快大家便找到了相关的词语：诧异、不安、赶紧、突然紧缩、脸上大约也变了色、惊惶、宽慰、轻松、负疚。

"除了这些，还有吗？"

学生一时语塞。"请大家朗读'负疚'一词后的内容以及下一段，看看'我'还有什么样的情绪？"我说。

"我想打听关于祥林嫂的消息，但又怕四叔不高兴，怕他说我也是个谬种"，而且"吃饭闷闷的"。

"这一节倒数第二段写祥林嫂死后鲁镇的景象时候，从侧面烘托出一种萧瑟。实际也是我内心的一种表露。"

"'我独坐在发出黄光的菜油灯下，想，这百无聊赖的祥林嫂，被人们弃在尘芥堆中的，看得厌倦了的陈旧的玩物，先前还将形骸露在尘芥里，从活得有趣的人们看来，恐怕要怪讶她何以还要存在，现在总算被无常打扫得干干净净了'这一段中说，'祥林嫂是被人们弃在尘芥堆中的，看得厌倦了的陈旧的玩物'，可以看出'我'内心对人们的愤慨。"

"但是这一段结尾又说'反而渐渐的舒畅起来'，这又是为什么呢？"一学生追问。

这是一个好问题。我转问："有同学可以解答吗？"

"注释6里有一句话，或许可以给我们作出回答：编者说，这是'我'的愤激而沉痛的反语。'反而渐渐的舒畅起来'是愤激而沉痛过后的暂时舒畅。一个被当作'陈旧的玩物'的卑微生命在这样的世界里死去，可以让那些'活得有趣的人们看来'，'世界被打扫得干干净净'。祥林嫂这个卑微的生命也可以得到超脱，不再被侮辱、不再被损害。所以'我'心里又舒畅起来，这样的舒畅并不是'我'真实的情感，而是愤激的反语。"

"很高兴大家能从四叔、短工、'我'对祥林嫂的死亡的态度中看出了'人'，看出了对生命的关注。那么，这个卑微的生命在活着的时候人们又是怎么对待她的呢？请同学们继续梳理小说的相关情节。"我惊喜地说。

学生很快便有了"战果"。

"祥林嫂初到鲁镇来鲁四老爷家做工时，四叔皱了皱眉，四婶先试工再雇工。"

"四叔家彻夜的煮福礼，全是她一人担当，竟没有添短工。"

"清算了工钱，便都交给她的婆婆。"

"她被人从河边绑去，一个帮着，一个抱着，拖进船去了，堵住了嘴，捆了躺在船板上。"

"被绑回家以后，以八十千的价格卖给了深山野墺里的贺老六。"

"丈夫、儿子死后，大伯叫人收了她的房子。"

"再到鲁镇时，因做工不麻利，四婶的口气上，已颇有些不满。四叔告诫四婶，祭祀时不要祥林嫂沾手。"

"祥林嫂，你放着吧！我来拿。"

"镇上的人们仍然叫她祥林嫂，但音调和先前很不同；也还和她讲话，但笑容却冷冷的了。"

……

"柳妈取笑她、恐吓她""老女人们嘲笑她"。

总之，人们把她当作玩物和笑料！

"的确，现实的世界里'从活得有趣的人们看来，恐怕要怪讶她何以还要存在'，也就是说，这个生命是被侮辱被践踏的对象，是多余的。所以她的生与死，已和她所处的那个世界无关。"我这样总结。

"既然祥林嫂的生死，在鲁镇的人们（包括鲁四老爷、婆婆、大伯、柳妈、短工、鲁镇的老女人们等）眼里与自己毫无关系。那么为什么'我'这样一个早已离开了家乡、在鲁镇没有房子的人听到她的死讯时，要比生活在鲁镇的人们的心情要复杂得多？"当一个学生提出这样的问题时，我大喜。

"为什么呢？"我把疑问抛给学生。

短暂的沉思过后，课堂上又产生了新一波的精彩。

（四）呐喊的远方

"'我'是谁？'我'是一个离开家乡的知识分子（过去离开家乡主要是因为读书或做官），连在鲁家说一不二的四叔，对我也算是客气。这说明'我'在四叔心里还算个人物，'我'关注着祥林嫂、同情祥林嫂，体现了一个知识分子的责任。"

"'我'住在城里，四叔祥林嫂他们住在乡下。说明'我'同他们不一样，一个城里人关注乡下人，说明'我'关注城乡的区别，'我'所代表的城市文明与他们所代表的乡土文明有着思想认知上的冲突。"

"我想起了鲁迅先生当初弃医从文，就是为了唤醒民众。小说中的'我'关注祥林嫂的命运。实际上，寄予了作者对个体命运以及群体（国家）命运的关切，也体现了前面同学讲的个人对社会的责任。"

……

学生的发言越来越精彩，最后，我做了这样的总结：

鲁迅先生说，"无穷的远方，无尽的人们，都和我有关"。其实，每一个生命都和你、和我、和我们有关。他们可能是我们的父母，可能是我们的兄弟姐妹，也有可能是我们的孩子。关注每一个生命就是关注我们自己，关注每一个个体的生存环境就是关注我们自己的生存环境。同学们刚刚讨论分析的，实际上是祥林嫂生活的社会环境的一部分。大家还可以在小说中找一找还有哪些地方写的是社会环境？除了社会环境，这篇小说中还有大量的自然环境描写。这些自然环境描写有着怎样的意味？我们下节课继续赏析。

一节课下来，学生们心里对主要人物祥林嫂除了产生了浓厚的兴趣，还有深度的生命关怀。这自然为后面分析人物性格特征、探讨人物命运变化的缘由（即主题）做了较好的铺垫。学生们由关注祥林嫂以及这篇小说中的小人物的命运，进而开始关心现实中的小人物的命运。生命的情怀便开始在学生的心里扎根，甚至已经发芽。我相信，假以时日，碰到合适的气候与土壤，学生的心田里一定会开出一朵关乎人性与生命的桃花。

（原载《读写月报》（语文教育）2017 年第 9 期）

【点评】

好的教学要有好的引发

陈继英

鲁迅先生的小说《祝福》是高中语文的传统篇目，其内容为大家所熟悉。但是，真正要将这篇课文教好，真正引发学生浓厚的探究兴趣，真正让学生走近鲁迅的情感世界，并不容易。看到张敏老师的《〈祝福〉教学札记》，其有层次的教学设计和较好的引发技巧，确实让我眼前一亮。

笔者曾在拙著《语文教学的战略思维与艺术》一书中提出："人生语文课堂教学艺术的关键在于引发，教学评价语言的艺术更在于引发。"什么是教学引发？这是指教师在课堂教学中，通过营造氛围、设置问题、组织讨论、评价点拨等教学手段，引导、启发、发动学生进一步阅读、思考、体验、探究学习内容的一种教育教学艺术。我认为，这种教育教学引发的艺术，在课堂教学中，比精心传授知识乃至讲究传授知识的技巧方法更重要。张敏老师的《祝福》教学，是运用引发教学艺术较成功的课例。

一、营造氛围，引发学习兴趣

真正好的语文课堂教学，学生学习探究兴趣浓，参与度、思考度高。众所周知，兴趣是推动学生学习的自觉动机，是调动学生积极思考问题、探求知识的内在原动力。因此，新课程标准明确强调"要激发学生学习语文的兴趣，调动学生的积极性和主动性，通过多种方法，引导学生积极思考。"要激发学生学习语文的兴趣，要求教师在教学过程中不单要有强烈的教学激情，而且还要有卓越的教学引发艺术，而这种引发艺术要素之一，就在于营造良好的与阅读文本相契合的学习氛围。

张敏老师的《祝福》教学，正好选在清明节放假回来这个节点，他说："这不是刻意的安排，而是时间为我们与文本相遇创造的一次机会。师生刚刚从祖先的坟前跨进教室，肯定也思考过死亡。"教师这样思考教学问题，很好地把握这样的教学良机，说明张敏老师深深懂得语文课堂学习是需要有和文本相匹配的良好氛围的，这样的氛围能够引发学生浓烈的学习探究兴趣。

有了这样的教学理念，才有用"导入语言"进一步营造这种学习氛围的方法。这样，学生探究有关生命死亡内容的兴趣就会更加浓厚。张敏老师的上课导入"清明刚过，想必大家一定祭奠过祖先，……去审视这样一个人"，让学生很快进入了沉思和探究的氛围，这正是高效课堂所需要的学习氛围。因为，这种氛围和导入，很好地把学生的人生体验与文本自然而然地有机关联起来，引发学生进一步阅读探究文本内容的强烈欲望。

二、巧设问题，引发学生对文本层面的体验与思考

高效课堂教学是生本、师本、文本三者的和谐共振，是教师引发学生对文本做有效深入阅读、思考与探究的教学过程。在课堂教学过程中，好的问题设计，既是搭起教师、学生与文本之间互动交流研讨的桥梁，又是决定课堂教学质量高效的关键。

张敏老师设计与提出的问题，由浅入深，由文本人物语言与态度到人物内心，由麻木的等级观念到人性的考量，由此再进一步探究鲁迅先生对底层人物悲惨命运的态度和写作的意图。这种问题设计与引发，颇具匠心——

1. 四叔为什么说："不早不迟，偏要在这个时候，——这就可见是一个谬种！"

2. 同祥林嫂处于同等地位的短工，为什么对祥林嫂的死亡也是如此的漠不关心呢？

3. 作为这场对话的连接人，以及祥林嫂命运的见证人，"我"对祥林嫂的死持什么态度？文中是如何体现的呢？

4. "我"这样一个早已离开了家乡、在鲁镇没有房子的人听到她的死讯

时，为什么要比生活在鲁镇的人们的心情要复杂得多?"我"究竟是什么人?

课堂教学中根据这些问题，由浅入深地互动探讨，步步推进，很有层次性，直到引发学生探究鲁迅对待底层人物悲惨命运的态度，探究其创作意图，实现训练学生深层次思维的教学目标。整个教学过程既行云流水，又有高潮与波澜，很为难得。

三、用生生互动，引发对人性问题的深入探究

文学是人学，语文教学要引发学生对人性和现实生活的关注与思考，引导学生对人性和现实生活作深入探究。可以说，课堂教学中，根据阅读文本引发学生对人性问题作深入探究，是语文教学文学类文本教学不可或缺的内容。《祝福》教学中张敏老师用自己不露痕迹的引导和铺垫，让学生在生生互动中实现了对人性问题的深入探究，可圈可点。

课堂导入为学生学习创造了良好的学习氛围，文本解读环节用系列问题引导。当课堂出现沉寂时，张老师再及时铺垫引发："这是个什么句式?这里的'谬种'是什么意思?"学生一下子就被"点"开了，于是就出现了学生发言讨论的"高潮"——

"四叔把祥林嫂叫'谬种'，注释里说'谬种'是坏东西。在四叔的眼里，祥林嫂是个东西，而且是个坏东西，只是不是个'人'。他不把祥林嫂当'人'看，又体现了四叔对祥林嫂这个生命的漠视。"

"这句当中，'这'字就是'这个人'的省略，但四叔不说'这个人'，而是说'这'，也体现出其对祥林嫂的不屑。"

"这里用了一个感叹号，可见四叔对祥林嫂在这个时候死去还有些愤怒。人都死了，他还愤怒，足见其毫无人性。"

再如，在"呐喊的远方"这一教学环节中，学生认识到"我"是个离开家乡的知识分子，"我"住在城里，四叔、祥林嫂他们住在乡下。"我"作为城里人，却关注乡下人，说明"我"关注城乡的区别，是"我"所代表的城市文明与他们所代表的乡土文明有着思想认知上的冲突。有学生还联想到鲁迅先生当初弃医从文，就是为了唤醒民众，小说中的"我"关注祥林嫂的命运，也在反思自己的无能为力，实际上，这是寄予了作者对个体命运以及国

家命运的关切。这样的思想认识，都是在教师搭建桥梁之后，在学生互动中实现的思想认识的"飞跃"，而不是老师生硬地灌输。

当然，课堂教学的引发艺术，并不是仅仅着眼于一节课的教学，它是一种涵盖整体教与学的教学方法与艺术。虽然我们这里看到的是张老师《祝福》一节课的教学，我们也深知这很难"窥一斑而见全豹"，但是这节课的良好教学设计与循循善诱的引导与引发，确实值得语文老师学习与研究。

(作者系深圳市首届教育名家、特级教师，正高级教师，深圳市教育局人生语文工作室主持人）

02. 从批判性思维视角组织教学

——《荆轲刺秦王》教学札记

《荆轲刺秦王》是传统名篇。在教学中，大多数教师会带领学生分析荆轲的人物形象，感受荆轲强烈的爱国精神，激发学生的爱国情怀。这当然是本文教学的重要内容，也是课程目标与编者的要求。但一边倒地歌颂荆轲、对文本的叙事艺术缺少较深度的分析、较少引导学生理性分析本文与人物，也导致了大量的同质性教学，学生的思维能力未能得到有效提升。

今年再次执教高一时，我尝试从批判性思维的视角教学《荆轲刺秦王》。著名特级教师余党绪认为："所谓'批判性阅读'，就是借助批判性思维的基本原理、策略、技能展开的文本细读。"因此，在课前布置学生充分预习时，要求他们细读文本，推敲文本语言的缝隙，并提出自己的疑惑。经过课前探讨，初步提出了以下几个问题：①细读文本，大家看到了一个怎样的荆轲？文章是如何写荆轲的？②荆轲刺秦失败有哪些原因？荆轲自己有责任吗？③太子丹是荆轲生命中的一个重要人物，怎样看太子丹这个人物？④荆轲是为谁而死？是太子丹吗？这样值吗？⑤文中写太子丹面对樊於期之死"伏尸而哭，极哀"，但当荆轲易水诀别时，"士皆垂泪涕泣"，但作者刘向并未写到太子丹的表情，这意味着什么？文中类似的写法还有哪些？你怎么看？⑥如何理解文章开头一段与最后一段，刘向这样写的意图是什么？

课堂上，导入之后我便从课题入手，引导学生思考探究文本内容。围绕"从标题看，你有哪些疑问？"这一问题快速解构文本。学生很快从"为什么刺秦""怎么刺秦""刺秦结果怎么样"三个层面梳理了文本内容，理清了作者写作思路。第一节课，我有意忽略了"为什么刺秦"和"刺秦的结果"，只是把目标聚焦在"怎么刺秦"这个主体内容，由此，引导学生再次细读文本，展开对荆轲形象的分析。在概述了文本的故事情节后，提出了第一个主问题：细读文本，大家看到了一个怎样的荆轲？文章是如何写荆轲的？实际上课文中第二段起直接写荆轲，用语言、动作、神态等手段来描摹荆轲，从对比、衬托等多角度展现荆轲形象。在具体的教学中，学生大体能读出荆轲的忠、智、勇，但是在细节上缺乏深入的研读。为此，我又提出了这样的疑问：同学们看到的是一个英雄荆轲，但荆轲毕竟也是一个普通人，大家能否从文中发现荆轲性格的另一面？

课堂经这样一点拨便变得活色生香起来。

"荆轲吃了人家的嘴软。"

"怎么理解？"

"老师先前介绍过荆轲，田光向太子推荐荆轲，荆轲成为太子丹的门客后被太子丹奉养。因此，当太子丹说出'秦兵旦暮渡易水，则虽欲长侍足下，岂可得哉'后，荆轲说了一句'微太子言，臣愿得谒之'。太子丹一句'虽欲长侍足下，岂可得哉'的意味，想必荆轲能听得懂。荆轲觉得不为太子丹出力，便不符合中国人的风格。"

"荆轲是战国时期著名的剑客，有'士为知己者死'的侠义精神，这里正体现其对太子丹的忠诚，未必是'吃人家的嘴软'！太子丹那样说了，作为剑客不得不有所表示，这里点出的是荆轲作为士人的一面。"

"我觉得荆轲既有剑客的侠义精神，也有士人的傲骨。前面太子丹的暗示他能接受，并为太子丹谋划。但是当太子丹自作主张，为荆轲配备助手秦舞阳、又疑其'有悔改之意'、再用语言刺激他之后，荆轲受到了侮辱，便怒斥太子，又体现出他不畏强权的真士人风骨！他不媚权势的独立人便格彰显在读者面前！"

"其实荆轲不畏强权在刺秦过程当中表现得更加突出。荆轲一个人，独对秦国君臣毫不畏惧。作者用一系列的动作、语言以及大量的侧面描写、叙事来烘托荆轲这一形象。"

"我觉得荆轲是剑客，刺秦王用的是匕首，而用匕首荆轲并不一定擅长。因而准备匕首也体现出其虑事不周。况且刘向在庭刺秦王部分只有一句写到荆轲用匕首，即'因左手把秦王之袖，而右手持匕首揕之'。此后，刘向并未再写荆轲使用匕首的情况。下文写到'侍医夏无且以其所奉药囊提轲',那么哪怕是未刺中,荆轲也可以用匕首提秦王,只要击中,秦王便会丧命。可见,在秦国君臣慌乱之中,荆轲也慌乱,他忘记了用匕首提秦王,体现其临场应变能力较弱。"

"在秦国大殿内,荆轲顾笑舞阳,体现取其较强的应变能力。但在刺秦王的失败后,荆轲说的一句话'事所以不成者,乃欲以生劫之,必得约契以报太子也',又体现出其处理危机能力较弱。他不能灵活地执行太子的指示,看得出荆轲有些优柔寡断,这里体现出其矛盾性格。"

"同学们能从文本的细节处却发现人物性格中的另一面,这是十分可贵的。这些性格特征,毫不损害荆轲的英雄形象。相反,这才是真正的英雄,是真实的荆轲。这样的荆轲不是高大上而远离大众,而是可亲可敬,有真实的生活气息,有独特的感人力量。荆轲'箕踞以骂'后,我们仿佛听见了英雄的一声长叹!叹息之后,我们不得不思考,刺秦失败除了助手不给力、策略有误外,还有哪些原因?"

"我觉得是偶然的事件。文中写荆轲在秦庭追逐秦王,秦国君臣惊慌失措之时,荆轲未刺中秦王带有偶然性。"

"我觉得偶尔中有必然。荆轲刺秦失败,我觉得是时势使然。当时秦国已经打败了比燕国强大得多的赵国,秦国有一统天下的雄心。历经多代国君的努力,终于在秦王嬴政时代有了这样的机会。在历史大势面前,任何人的个人力量都是渺小的。哪怕是荆轲刺秦成功,燕国也会灭亡,秦国其他的国君也会灭掉燕国。"

"实际上作者在文中一开始便作了交代,'秦将王翦破赵,虏赵王,尽收其地,进兵北略地,至燕南界。'刘向用简洁的语言,写出了燕国面临的危机,同时也点明秦国攻城略地势如破竹。灭掉强赵只用破、虏、收三个字,可见历史大势,浩浩汤汤,无人能抵挡!"

的确,历史大势不可阻挡。在大势面前,任何逆潮流而动的行为注定会失败。但是作为刺秦主要的决策者,太子丹有不可推卸的责任。在过去的学习与探讨中,对于影响荆轲命运的太子丹大家质疑较少,太子丹是什么人呢?请同学们再次细读文本。

"太子丹是一个软弱的人。课文一开始作者便写道,面对秦国的攻势,'太子丹恐惧'。作为一国的太子,是要担当大任的人,面对危机形势,如此表现,实在难堪大任。"

"太子丹表面仁慈,实则虚伪、自私。当荆轲提出出使秦国要樊於期将军的人头之后,太子丹却说:'樊将军以穷困来归丹,丹不忍以一己之私,而伤长者之意,愿足下更虑之。'但荆轲去找将军时,想必太子丹是知情的,但他并未阻止。但在樊於期自杀以后,'太子闻之,驰往,伏尸而哭,极哀',他既收买了人心,又获得了信物。其实,他当时就想获得信物的,但他又怕背负骂名。因此,明明知道荆轲的意图却不加阻止。樊将军死后,'驰往,伏尸而哭,极哀',在樊将军家人及全社会面前,表现其'仁太子'的形象,这体现其虚伪和自私。"

"太子丹性格暴躁,虑事不周密。在荆轲'有所待'时,他急躁冒进,又用语言激怒荆轲,而没有充分考虑到秦武阳性格的弱点。助手的不给力,是造成荆轲刺秦失败的重要原因。"

"太子丹对刺秦定位不准。在文章的结尾,荆轲说:'事所以不成者,乃欲以生劫之,必得约契以报太子也。'体现出太子对形势估计不充分,缺乏韬略"。

"我觉得太子丹毫无人性。在寻找到匕首后,为了实验荼毒的效果,'以试人,血濡缕,人无不立死者。'太子丹用人来试验,'无不'说明试验了很多人,体现其不讲人道。一个连自己百姓都不爱护的国君不会有人性。在他眼里,没有百姓,只有自己的仇恨。这样的政权不会得人心。"

"的确是这样,从同学们分析的情况看,文中的太子丹展现出来的是一个负面形象,作者是不是这样评价的呢?"

"是的,在易水送别中有一个细节,'高渐离击筑,荆轲和而歌,为变徵之声,士皆垂泪涕泣。'但是刘向并未像先前一样写到太子丹的表情,而且除了结尾荆轲讲的那句话,后文再无一字写太子丹,可见在刘向眼里士并不包括太子丹。"

"士是什么人呢?"

"这是一个很好的问题。"

"士是有责任、有担当的人,百度上说,'士在古代是指读书人,是中国古代知识分子的统称,他们学习知识,传播文化,参与国家政治建设,是社会的精英群体'。可见,在作者的眼里太子丹是一个没有担当的人。"

"那么,既然是这样,荆轲为什么效命于这样一个人呢?"

"当初田光把荆轲推荐给太子丹时,太子丹正在寻找刺秦之人。剑客荆轲先前在各地游历,先后在卫国、榆次等地均未受到重用。太子丹重用他,给他提供了一个实现自己抱负的平台。尽管太子丹有这样那样的缺点,但是荆轲仍要报答知遇之恩。"

"我觉得,不只是报答知遇之恩这么简单。大家知道是从赵人徐夫人处找到的匕首,这说明天下想刺秦的人不少。可以想象得到,百姓在战争中饱受摧残,特别是那些被秦灭掉的国家的人民,尤其是各诸侯国的王公大臣以及众多的侠义之士,他们都想刺秦王。作为剑客,荆轲有慷慨侠义之魂,刺秦也是他的侠义精神使然!"

"你说的不错,能从英雄人物所处的时代来观照英雄的行为,这是十分可贵的。我们评价历史人物,一定要把历史人物还原到他所处的时代环境当中。"

"在那样一个反抗强秦的时代,荆轲虽是卫国人,但是被燕国重用,因此从某种程度上讲,作为一代剑客,他刺秦王不是报私仇,也不是只为太子丹一个人,而是为了所有遭受战争伤害的人民。"

"同学们能站在这样的高度来看待荆轲,我很高兴。历代不少人曾评价过荆轲刺秦,虽众说纷纭,但不管怎样,荆轲作为一个历史英雄人物,肯定已经定格在历史的注脚里,尽管有争议,但有一点是可贵的,那就是'身入狼邦,壮志匹夫生死外,心存燕国,萧寒易水古今流。'作为史书的作者刘向并未直接评价荆轲的行为,但是文章的开头和结尾却耐人寻味,对此你怎么看?"经过这样的探讨,学生很容易进入文本的深处,在心中便会自觉建立起批判性思维的阅读坐标,从而发现用批判性思维来阅读文本会遇见美丽风景,拓展生命世界。

【点评】

"批判"金针度与人，藕花深处美生成

成少华

  缺什么，就应该补什么。如果我们的语文课堂教学没有针对学生最近发展区的漏洞、缺失、瓶颈予以填补、矫正和突破，学生真实思维过程没有在教学现场有迹可寻，那么语文学习依然是"少慢差费"。当下语文课堂到底缺少了什么？缺少自主体验？缺少涵泳咀嚼？缺少情感浸润渗透？缺少文化熏冶？……实际上，当下语文课堂最缺少的还是学生思维成色的浓度和思维冲撞的烈度，学生的思维空间还受制于教师单一主体作用的引导、制约而趋于逼仄，大部分没有享受到思维酣畅驰骋、恣意飞扬所带来的个性化、创造性的思维成果，高品质的思维课堂建设可望不可即。值得欣慰的是，不少语文教师新锐和先锋，在语文学科素养如何落实在常规课堂教学的大背景下，借助批判性思维基本原理、策略、技能展开文本细读，"批判"金针度与人，藕花深处美生成，教学追求和旨归有了迥异于常规教学的动人景观。孜孜矻矻躬耕在语文园地的张敏老师就是这样的先行者，其执教的《荆轲刺秦王》可以说是批判性思维成功揳入文本深处的生动标本。

  像《荆轲刺秦王》这样经典性的叙事性的史传文言教学，教学现场呈现的大多是什么？缺少的策略和技能又在哪里？是的，如何得其"意"，更得其"言"，得其"法"，更得其"韵"，诸如这样习惯性的套路和范式，我们屡见不鲜，但是学生实在厌倦了那种给荆轲、太子丹等历史人物贴的僵硬标签，实在太熟悉了所谓探究悲剧成因所呈现的几条粗线条结论，更疲倦了那种静止式地提炼文本叙事艺术的赏析路径。张敏老师借助批判性思维成功破解了《荆轲刺秦王》教学的某种困局，激活了学生对荆轲、太子丹这些历史人物的深层人格的探索，典雅的文言张力在充分沉潜之后迸射出思辨、发散、创造的魔力，三枚金针度与人，课堂深处思辨飞。同时，语言表达与建构、文化传承与理解、审美鉴赏与创造等核心素养也自然达成。

一、在文字缝隙处细读深耕

文言文教学更需要培育学生对文言文字的充分敏感，毕竟文言文字，有的隽永蕴藉，有的微言大义，有的不着一字尽得风流，如果仅仅置换成现代性的大白话，那就了无韵味而根本无从发现。张老师是怎样引领学生发现精练典雅叙述的"缝隙"处的呢？从前后关联处索隐，从充分比对处探微，而且这样的关联和比对来自学生在课堂上的响亮发声。如：文中写太子丹面对樊於期之死"伏尸而哭，极哀"，但当荆轲易水诀别时，"士皆垂泪涕泣"，但作者刘向并未写到太子丹的表情，这意味着什么？又如："我觉得荆轲是剑客，刺秦王用的是匕首，而用匕首荆轲并不一定擅长。……'因左手把秦王之袖'，下文写到'侍医夏无且以其所奉药囊提轲'，那么哪怕是未刺中，荆轲也可以用匕首提秦王，只要击中，秦王便会丧命。可见……"这样在文字的缝隙处探隐发微，别有心裁，蹊径独辟，显然是我们一味通过宏大叙事式的分析制造粗糙的、程式化的结论所不济的，这就是"藕花深处"一重之美。学生一旦掌握了学习津梁，岂止是文字悟性的提升？应该是语文核心素养的演进。

二、在叙事矛盾处细读深构

叙事艺术详与略、实与虚、顺序与插叙、伏笔与照应、平铺与逆转、形与神等等之间的矛盾转圜，实在是需要细读破译的。张老师就引导学生抓住对话描写、细节描写所蕴含的矛盾因子来达成对人物人格的深度洞悉和悲剧因素的深度探寻。如："秦兵旦暮渡易水，则虽欲长侍足下，岂可得哉"，这难道是燕太子丹内心心曲的真实表述？"高渐离击筑，荆轲和而歌，为变徵之声，士皆垂泪涕泣"，一个"皆"字，是否也写出了太子丹的真实情态？"事所以不成者，乃欲以生劫之，必得约契以报太子也"，一个"必"字是否注定了战略的失误必然导致前述一系列貌似精心的战术全部崩盘？……学生就这样在文字表面意思与真实意思甚至更丰富信息的较劲、挖掘、拓展中，"新"化更深化了对燕太子丹真实人格的总体认知，学生既释放了咬文嚼字所带来的审美快慰，更在思维的熔炉里从具象走到了更高度的抽象，有的甚至颠覆了一般意义上对燕太子丹的扁平化认知，抵达燕太子丹素来光鲜背后的自私、虚伪、无人性的人格深处。

授人以"鱼""渔""欲"都是重要的，更重要的是给学生以思维工具和方法的示范，张老师引导学生在叙事艺术的矛盾处徜徉流连，就是批判性思维在叙事艺术矛盾处细读、不断挑战质疑而深构的典型例证。

三、在深度追问中细读生成

建设思维的课堂，必须同时发挥教师和学生的双重主体作用。教师的主体作用不仅体现在创造性的教学设计、教学现场的智慧引领上，还表现在教师作为批判性思维的卓越践行者在教学现场的深度追问的艺术上。面对学生即时生发的问题，如何考量其思维成色，并能举重若轻地将之引领到开放、多元、发散、碰撞、求异、包容、跨界的思维平台上，超越文本、超越学科、超越知识、超越范式，就需要教师在课堂灵动地挥洒神来之笔。例如，在完成对太子丹某种意义上颠覆性的认知基础上，可能我们老师和学生会庆幸有这样的思维收获而止步不前了，但是执意运用批判性思维的张敏老师还要深度追问："那么，既然是这样，荆轲为什么效命于这样一个人呢？"报答知遇之恩？侠客本色使然？"你说的不错，能从英雄人物所处的时代来观照英雄的行为，这是十分可贵的。我们评价历史人物，一定要把历史人物还原到他所处的时代环境当中。""在那样一个反抗强秦的时代，荆轲虽是卫国人，但是被燕国重用，因此从某种程度上讲，作为一代剑客，他刺秦王不是报私仇，也不是只为太子丹一个人，而是为了所有遭受战争伤害的人民。"其据何在？"大家知道是从赵人徐夫人处找到的匕首，这说明天下想刺秦的人不少"这一细部点睛，焕发出了教师追问之下，学生文本细读生发的魅力。

语文课堂的风景在哪里？语文的"藕花深处"无疑也是斑斓多彩的，但是无论怎样流光溢彩、五彩纷呈，都必须嵌入思维的成色和力道。"烧脑子"的书有助于思维进阶，同理，深度思维的语文课堂一路串联，将大有裨益于学生终身，而这需要文本细读支持。张敏老师深耕课堂，反射出批判性思维成功揳入语文课堂的灼灼之光。

（作者系湖南省特级教师，正高级教师，永州第一中学语文教师）

03. 细节，请细细品读

——《项脊轩志》教学札记

《项脊轩志》是归有光散文中的名篇，收编入高中语文选修教材《中国古代诗歌散文鉴赏》第六单元。本单元主题是"文无定格，贵在鲜活"。本文鲜活之处在于选择生活中最有情味的细节来表现情感，展现人物内心世界。

教学本文时，我是以"一间书斋、两种情感、三个女人"来概述本文内容并组织课堂教学的。课堂教学的主体围绕文中的三个女人来展开，重点放在对细节的品读上。

在第一堂课组织学生疏通文意的基础上，我让学生用"一、二、三"来概述本文内容。大家很快就明确：一间书斋、两种情感、三个女人。接着我又问：作者归有光着力突出的是哪种情感？一石激起千层浪，有的说是喜，有的说是悲。我笑而不语，只是告诉大家，应从文本出发。很快便有同学找到了依据：从内容看，第一段是悲中有喜，第二段是悲，第三段为悲，第四段喜中有悲，第五段应是悲；从篇幅看，写喜的少，写悲的多。因此，本文的情感以悲为主。

见学生讨论无异议后，我又抛出：作者在文中是如何展现这种悲的呢？学生沉思片刻：集中体现在对三个女人的叙述中。下文便是诸生一一品读的记录。

师：我们先来看看归有光笔下写了哪三个女人？

生1：分别是母亲、祖母、妻子。

师：大家能否作一下准确而细致的概括？

生2：老妪忆母、祖母期待、夫妻永别。

生3：老师，为什么归有光先写母亲后写祖母？

师：（笑而不语）大家说说。

生4：归有光母亲去世早，只有26岁，当时归有光才8岁。而祖母去世比母亲迟，故先写"先妣"，可以说笔法细腻。

师：你怎么知道的？

生4：网上搜的。

师：很好，善用网络。

师：大家细读老妪忆母片段，看看作者是怎么写母亲的？

众生小声读文，略有所思。

生5：归有光通过第三者老妪之口来写母亲，分别写了母亲的语言和动作。

师：能否仔细说说？

生5："娘以指叩门扉曰：儿寒乎？欲食乎？"从"叩门"这个动作，以及"儿"这个称呼，我们可以感受到一个慈母的形象。

生6：为什么娘只"叩门"而不"推开门"去哄哄女儿？

生7：可能母亲有事，归母26岁去世，结婚十年生7个儿女，忙的连女儿都无暇哄哄，体现母亲之辛苦。

生8：也有可能是母亲不娇惯女儿，小孩子都有恋母的习性，母亲为了不娇惯女儿，又为了表示对女儿的关心，只是叩门而未推门。是用自己的声音"儿寒乎？欲食乎？"来安慰女儿。

师：两位同学说的都有道理。除了这一细节，这个片段还有其他细节没有？

生9："某所，而母立于兹"也是一细节，可以让归有光结合熟知的旧物想起母亲的形象，让这样一个对母亲鲜有记忆的少年勾起对母亲深沉的思念。

生10：我觉得"语未毕，余泣，妪亦泣"这一细节也很感人。

师：愿闻其详。

生10："余泣"，可见我内心的悲伤，一个懵懂少年，本该亲身感受母亲慈爱关怀，而今天竟要靠老妪转述以及凭借旧物联想情景来感受浓浓母爱，心中悲苦自不必说。"老妪亦泣"，一个"亦"字一方面体现了老妪同母亲感情深厚，为母亲早逝而伤心，也从侧面表现母亲平时为人友善；另一方面，老妪也为我之悲苦而哭泣，为这样一个少年郎竟不能享受慈母关爱而泣。

师：一泣而温情，一泣而知心。生10的分析也让我们有一种想哭的冲动，所以林纾说："震川之述老妪语至琐细，至无关紧要，然同幼失母之儿谈，匪不流涕矣。"（投影）这就是细节的魅力。其实这样的细节还很多，这一段还写到了祖母，请大家一起赏析。

生11：这里写祖母也是从语言和动作来写的，"吾儿，久不见若影，何竟日默默在此，大类女郎也？"体现了祖母对我的疼爱，一声"吾儿"把一个慈祥的祖母表现出来了，我家祖母也这样称呼我。（生笑）

生12：我觉得这一句不但体现了祖母对我的关心，还有担心。"竟日默默在此，大类女郎也"，祖母对我有期盼，不希望我像个女孩子。

生13：我觉得这一句也写出了归有光心灵的孤独。你想啊，"竟日默默在此"，一个丧母之少年，一整天呆在这个阁子，孤独可想而知。

生14：我觉得读者还能想象到归有光之勤奋，一个孤独的少年唯有靠读书来打发寂寞时光，以至于"竟默默在此"。

生15：我现在发现还应有祖母对归有光的赞许。祖母赞许他一整天都呆在阁子里读书，真是一个好孙儿。

生16：其实这里的赞许是为下文写祖母对我的期盼作铺垫。"吾家读书久不效，儿之成，则可待乎！"祖母期待归有光成才，振兴家族。

师：这里介绍一下，归家是昆山的百年望族，当时流传这样一句话：县官印不如归家信。足见归家兴旺发达。本文的项脊轩是归有光书斋名，源于归有光九世祖归道隆曾在苏州府太仓州的项脊泾居住。为表达追宗归远之意，归有光以"项脊生"自称。可是归有光出生仅三年后，高祖归睿去世，他的祖父、父亲都是布衣，家道衰落。所以作为家中的长孙，重振家族的重担就落到了归有光身上。因而有祖母之语"吾家读书久不效，儿之成，则可待乎"。一个是年老之祖母，一个是失母之孤独少年，其情殷，其责重。

生17：这里还有一句"此吾祖太常公宣德间执此以朝，他日汝当用之"，可见祖母对归有光期望很高，希望他成为国家栋梁，殷切期盼打动人心。从这一句也可看出归家祖上兴旺发达。

师：何以见得？

生17：古人婚姻讲究门当户对，祖母的祖父是朝廷大官，当时归家肯定不差。否则祖母也不会嫁给归家。

师：很好，能结合古代文化传统解读课文。除了语言描写，还有其他描写没有？

生18：还有动作描写。"比去，以手阖门"，轻手关门，体现祖母的细心与关心，怕影响归有光读书。"持一象笏"，祖母拿她的祖父上朝的这一物件来激励孙子努力考取功名，同时也给处于寒窗苦读的孙子以信心与鼓励。

生19：我觉得这里还有心理与神态描写。"瞻顾遗迹，如在昨日，令人长号不自禁。"归有光在这里又哭了，他为自己未能快速地实现祖母的愿望而哭，而悲伤。

师：这里的"长号不自禁"与上文的"余泣"有何不同？

生20：上文是为自己的身世之凄惨而泣，这里是为家道衰落而泣，自己功业未成而"长号"，悲更深一层；同时归有光也觉得有负祖母重托而遗憾。

生21：据我所知本文前三段写于归有光18岁之时，后两段写于30岁之时。如果说"长号"是因自己学业未成和有负重托，我觉得过于牵强。你想啊，一个十八岁的人未及弱冠，正在读书之路上，就像现在的我们，还处于追梦的路上，未来还不一定，也没必要长号吧！

师：这个疑问很好，说明你真是一个善于思考的学生。大家怎么看？

生21：我觉得这并不矛盾，恰恰说明归有光责任感强，急切地想考取功名，因为他身负振兴家庭之重要使命，"长号"不足为怪。

生22：归有光从小就天资聪慧、勤学苦读、博览群书，7岁入学，9岁就能作文，14岁参加童试，15岁入项脊轩读书，18岁写本文前三段。可以说，对这样一个人来说，18岁不早了，读书做官、光耀家族，是其理想也是其目标，奋斗几年还未成功，加之祖母嘱托之言"如在昨日"，回响在耳边，"长号不自禁"，也就能理解了。

师：这些，你们又是网上查的。（众生点头）

生23：后面两段写于30岁时，那时作者还未考中举人（35岁才考中），在读18岁时写的文字，真的是"长号不自禁"，心中悲苦无以言说。我想文脉还是相通的。

师：生20，你现在怎么看？

生20：我能明白一些。

师：请大家看注释1，本文有删节，编者删除了一段（文中用省略号处），原文如下（投影）：

项脊生曰："蜀清守丹穴，利甲天下，其后秦皇帝筑女怀清台；刘玄德与曹操争天下，诸葛孔明起陇中。方二人之昧昧于一隅也，世何足以知之，余区区处败屋中，方扬眉、瞬目，谓有奇景。人知之者，其谓与坎井之蛙何异？"

请大家议一议，看看18岁的归有光有着这样的追求，又有什么担心？

生24：归有光赞许蜀清与诸葛亮。蜀清我不知道是什么人，但诸葛亮我们知道，可见归有光有大志。

生25：从这一段文字看，归有光"重利"，我们知道诸葛亮重义，归有光想利和义都占。

师：蜀清是个寡妇。怎么看待作者眼中的利和义？

生26：这里的利应是指考取功名，义是指振兴家族。

生27：我觉得这里的义是坚守正道，不屈服于当世，利是求取功名。

师：（片刻后）大家认同哪一种观点，可以讨论。

生28：我认同生27的看法，纵观归有光读书求仕之历程，直到35岁才考中秀才、60多岁才中进士，若不是他学习差，那是什么呢？只有一条，就是选拔人才的机制，或者说学问之外的东西。我们知道归有光生活于明中后期，社会腐败不堪。归有光这种家门衰落之人自然要遭受些干扰甚至挫折。

师：那么大家再回到"令人长号不自禁上来"，这是否合情理呢？

生20：我现在明白了，这样一个年幼失母，见证"诸父异爨"、由"篱"变"墙"的归有光应该是个早熟的青年。18岁的他已然明白家庭变迁导致的人情冷暖，社会变迁导致的诸事不公，而自己又弱小无力改变，只能"长号不自禁"。

师：这样的理解就通畅了，打通了全文感情的脉络，你的领悟能力不简单啊。那么从这一段被删的文字看，归有光又担心什么呢？

生28：虽然读书轩中"方扬眉、瞬目"自得其乐，他担心被人看不起，被人视作"坎井之蛙",足见心里之苦闷。

师:正是通过对细节的把握,我们一步步走进归有光心灵深处,悲伤着他的悲伤。我们再来看看他生命中的另外一个女人,来看看婚姻生活里的这个归有光。

(齐读后)生29:这两段也是通过细节来写妻子。

师:这一段写了哪些细节?

生29:有两个,一是"妻子从余问古事,或凭几学书",另一个是妻子转述归有光小姨妹之语,"闻姊家有阁子,且何谓阁子也"。

师:读了这些细节,大家有何感受?

生30:读到这里,我们似乎感受到一丝温暖,望见了归有光生活中的一抹亮色。

师:能谈得详细些吗?

生30:从第一个细节我们可以感受到夫妻恩爱,妻子好学。第二个细节,妻转述小姨妹的话,可以看得出她们对姐姐幸福生活的向往与羡慕。婚前归有光是孤寂的,婚后的一段应该是难得的幸福时光,照应了前文之喜。

师:分析到位,这两段就两个细节吗?

生31:我觉得还有一个细节。

师:哦,愿闻其详。

生31:"庭有枇杷树,吾妻死之年所手植也,今已亭亭如盖矣"不可忽视。此树为妻死之年亲手种植,现如今已亭亭如立,让归有光睹物思人,亭亭如立之树亦如亭亭而立之娇妻,树犹在,人已亡,悲从心中起。

生32:我看见了归有光朦胧的泪光,迷茫恍惚的神情,还有长长的无言的叹惜和久久不愿归去的身影。

师:同学们鉴赏力很强,那么这两段对比看,又读出了什么?

生33:一喜一悲。喜是短暂的,悲是长久的。

生34:喜是淡淡的,悲是浓浓的。

生35:这种淡淡的喜被深深的悲所掩没,与前面写母亲、祖母一脉相承,都是悲叹不已,苦闷不堪。

师:这一节课同学们对细节的鉴赏很给力。正是这样的细读慢赏,让我们一步步走近归有光这个孤独、苦闷、悲伤的灵魂,去感受这个灵魂的悲苦与幸福,走进一段真实而不朽的人生。其实,本文的细节远不止这些,大家课后再细读课文,下节课我们再赏析。

这一节课,旨在围绕作者写的三个女人来走进归有光的精神世界,带领学生从文字出发,学会品读,不断超越自我,不断接近作者的灵魂。从课堂表现看,收到了较好的效果。

【点评】

让学习真正发生

郭跃辉

如何实现"言"与"文"的统一,如何实现文字、文章、文学、文化的有效贯通,这是文言文教学的重中之重。教师是串讲文意,着重于知识传授呢,还是通过设置主问题,引导学生展开有效讨论,这关系到文言文教学的效果。从教学的本质上讲,其目的就是促进学生的学习。学生以解读文本为中心,在教师引导、同伴互助的作用下,真正理解了文本的微言大义,真正积累了文言阅读的经验,真正增进对中华优秀传统文化的理解,这才意味着学习真正发生。学习了张敏老师的《项脊轩志》课例,我真正体会到了学生学习发生的机理与过程。

一、在"生疑"与"释疑"的过程中,实现有效的引导

读书,贵有疑。学生在阅读过程中产生了疑问,意味着他对文本有了深入而独到的理解。本节课是以"一间书斋、两种情感、三个女人"来概述本文内容并组织课堂教学的。这组数字及其内容之间有着紧密的关联,尤其是围绕"三个女人",学生进行了"老妪忆母、祖母期待、夫妻永别"的概括。按照社会习俗,三个女人的排列是"祖母—母亲—妻子",这是符合社会伦理规范的。但在行文过程中,作者归有光却先写了母亲后写了祖母,学生便产

生了认知冲突。当学生"生疑"时，有的教师迫不及待地给出自己的理解，帮助学生"释疑"。而张敏老师面对学生的疑问时，没有给出现成的答案，而是力争用"大家说说"这样直白简洁的引导语，营造一种自我学习与同伴学习相结合的氛围。笔者认为，这是一种"慢"的艺术，这是真正引导学生的"学"，这是真正的"教"。

随着讨论的深入，学生的认知再一次出现了冲突，主要表现在对"长号"的理解上。教师敏锐地捕捉到了作者两种不同的哭泣行为，"长号不自禁"与上文的"余泣"，并请学生比较其不同之处。一个学生认为"长号"的原因有二：一是家道衰落，二是有负祖母重托而遗憾。"生21"则结合写作背景以及自己的心理认知规律提出异议。这其实是课堂教学宝贵的"生长点"。普通教师急于作出判断，给出答案，经验丰富的教师则是抓住"异议"，以此促进真正学习的发生。张敏老师还是那句"大家怎么看"，这又是不紧不慢地启发学生思考。日本的佐藤学教授认为，所谓"学习"就是同教科书（客观世界）的相遇与对话，同教室里的伙伴们的相遇与对话，同自己的相遇与对话。学习是由三种对话实践——同客观世界的对话、同伙伴的对话、同自己的对话构成的。[《教师的挑战：宁静的课堂革命》，钟启泉、陈静静译，上海：华东师范大学出版社，2012年版，第4页]从这个角度看，学生的"生疑"，教师的"导疑"，同伴的"释疑"，都是在促进真正学习的发生。面对学生的"疑"，教师也要像张敏老师那样，不急于作答，而是进行适时引导，激发并组织学生讨论，这是一种让学习发生的有效手段。

二、在学习障碍产生时，搭建有效的支架

对于文中与祖母相关片段，学生能够从不同的角度进行理解赏析。有的学生抓住"吾儿"的称呼，并结合自己的生活经历来谈；有的从"竟日默默在此"中读出了作者的孤独与勤奋；有的还从这些片段中读到了祖母对"我"的关心、担心、赞许。不过，这些理解都局限于人物本身，没有从更广阔的社会、家族等层面理解。在"生16"提到"振兴家族"的理解时，教师适时补充了相关的背景知识。此时，背景知识不再是课堂伊始教师"介绍作者与背景"的陈旧套路，而是成为了学生理解文本的必要支架。正因为教师搭建

了这样的知识支架，学生的目光才从人物个体转向了家族背景，这也为学生结合古代文化传统理解"象笏"的重要意象打开了思路。

此后，学生围绕"长号"的问题理解文本，能够各抒己见，这是难能可贵的。这其实涉及作者写作的心理状态。学生不论是从自身的想法推测归有光的写作心理，还是从归有光的人生经历来推测，抑或是从文章的意脉入手进行分析，都显得"证据不足"。这些理解虽有依据，但又不是那么令人信服。提出异议的学生，似乎陷入了莫衷一是的状态，学习的效果是"能明白一些"。面对这种局面，教师当然可以用"大家的理解都很有个性"之类的泛泛表扬来结束讨论。但张敏老师没有这样做，而是提供了另一种形式的学习支架，即"母文本支架"。所谓"母文本"就是教材文本所在的原生文本，具体到本文，就是教材编者删去的"蜀清守丹穴"一段。教师在学生的理解不能再进一步时，不失时机地引入这个"母文本支架"，可谓是雪中送炭。这个支架，犹如活血化瘀的灵丹妙药，学生的思维障碍一下子被冲开了。接下来学生结合蜀清和诸葛亮的事例，来推测作者写作时的心理状态，并且再一次结合本文的写作背景，来理解"长号"和"泣"之间的差异，最终彻底打通了本文的意脉，实现了文本筋脉的贯通。而提出"异议"的学生也能够结合文中"诸父异爨"以及"篱"变"墙"的细节来理解归有光的矛盾心理，从而达到了"现在明白了"的理想的学习状态。

三、在"愿闻其详"的课堂话语中，实现有效的倾听

张敏老师在课堂教学过程中，经常说"愿闻其详"这句话。仔细分析，四个字其实隐含着丰富的教育意蕴。"闻"，就是听，用教育学术语表达就是"倾听"。倾听，不仅是一种教学艺术，同时也是促进学习发生的有效手段。一般可能认为，教师只有用语言或其他手段去"教"，学生才能真正学习。这固然不错，但有时候，教师"此时无声胜有声"的倾听，也能够促进学习。佐藤学教授认为，"倾听"是教师在课堂中的核心活动。他说："作为'匠人'的教师，倾听儿童的声音、倾听教材的声音、倾听自己的声音，这是提升自身工作最重要的途径。"［《教师花传书——专家型教师的成长》，陈静静译，上海：华东师范大学出版社，2016年版，第28、36页］纵观整节课，教师大

部分时间都在倾听，倾听学生的疑问、回答、讨论甚至争论，少量的时间用于搭建有效的学习支架。而"愿闻其详"的"愿闻"，表达的正是一种倾听的意愿。

当然，教师不是无动于衷的听众，倾听的目的在于有效的点拨。"其详"就是这种点拨的具体体现。当学生的回答过于笼统，或者思路不清时，教师的"愿闻其详"就是引导学生回归文本本身，理清思路，进行有效的对话。像这样的"愿闻其详"，在本节课中还表现在"能否仔细说说""这个片段还有其他细节没有""除了语言描写，还有其他描写没有""能谈得详细些吗"等课堂话语上。这些话语其实建立在教师倾听的基础之上，真正起到了激发学生思考、促进学习发生的作用。同时，这些话语也起到了穿针引线的作用，使得整节课成为了浑然的整体。

其实，学生是学习的主体，这一点已无异议。在学生学习的过程中，教师不论是进行有效引导、搭建学习支架，还是课堂倾听，其最终旨归都是学生的"学"。这就是"教"与"学"之间的辩证关系。张敏老师这节课，也给我们观察学生学习的发生，提供了一个极佳的案例。

（作者系北京大学中文系文学硕士，广东省中山市教育局教研室语文教研员）

第二辑

于破题中推进

04. 依体解构　聚焦难点
——《记梁任公先生的一次演讲》教学札记

《记梁任公先生的一次演讲》是人教版必修1第三单元的一篇文章。这个单元三篇文章，都是写人记事的散文。编者在单元提示中明确要求："阅读这些文章，要透过对人与事的描写，仔细揣摩人物的言行、心理，体察人物的个性、情操，看作者如何在人物描写中体现对人物品行的评价，如何在叙事中表现或隐或现的情感倾向。"课前布置学生预习后，学生们总共提出了十几个问题。其实，这些问题都聚焦两个主问题：梁任公先生是个什么样的人？怎么理解梁任公先生的热心肠？据此，我确定了这篇文章的教学内容：一是探讨梁任公先生的形象以及写作的手法，二是思考、探讨梁任公先生的热心肠。

一、扣题入文，解构文本

教学内容确定以后怎么切入文本呢？记得熊芳芳老师在《命名的力量》中这样写道：命名是如切如磋，如琢如磨。的确，文章的标题常常暗含着作者的意图与文本的密码。何不从标题入手解构这篇文章呢？反复读了多遍文章的标题后，决定引导学生从文章标题进入文本。于是，在课堂上提出了一个问题：从标题看，你们觉得学习这篇文章应该抓住哪些内容呢？我惊喜地发现，学生们很快便抓住了"演讲""梁任公先生""记"这三个关键词。整堂课便围绕这三个词展开。

师：这篇文章的标题是"记梁任公先生的一次演讲"，从全文看，哪些内容关乎演讲呢？

众生：第四段写的是开场白，第三段写的是出场。

师：还有哪些呢？

众生：第二段是写演讲稿的，第四段还写到了声音。

师：同学们刚才找的都是与演讲相关的，但具体写到演讲的是哪些段落呢？

众生：第五段、第七段是写演讲的具体内容。

师：这两段写了些什么呢？

众生：第五段写梁任公演讲以一首《箜篌引》开头，第七段写到梁任公先生讲《桃花扇》时痛哭流涕，讲杜甫的诗时又张口大笑。

师：大家发现这是演讲的内容吗？

众生：不是，这是两个镜头。

师：镜头是一个电影术语，在文学作品中我们怎样称呼这样的镜头？

生1：特写。

师：这样的特写在文中还有吗？

生2：第六段写到梁任公先生背诵，记不起下文时，用手指敲打自己的秃头。这也是特写。

师：文中还有哪些地方涉及演讲呢？

众生：第八段写到了演讲的效果。

二、深入文本，分析人物

通过对上述问题的探讨，学生们便初步梳理了文章的主要内容，明白了作者写作的思路。他们心中便自然会想到另一个问题：梁任公先生是一个怎样的人呢？

师：从文中演讲稿部分，你们看到了一个怎样的梁任公？先请女同学朗读一下，男同学思考。（女学生朗读）哪个同学展示一下你的旁注，展示一下你们的聪明才智？（众生沉默）我知道11班同学都是智慧和美丽的化身。

生3：文中写"他的讲演是预先写好的，整整齐齐地写在宽大的宣纸制的稿纸上面"，体现出梁任公先生做事认真，作风严谨。

生4：书法秀丽，十分美观。

师：这里的书法秀丽，十分美观，是人物形象特点吗？

（众生沉默）

师：书法秀丽、美观，是谁的感受？

众生：是作者的感受，读者的感受。

师：这里看出梁任公先生一个什么样的形象？（沉默）

师：你们平时练书法吗？

众生：不练啊。

师：什么人练书法呢？

众生：修养高的人。

师：书法是修炼心性的最好手段。这里体现梁任公先生什么样的形象呢？

众生：修养高。

师：还有同学补充吗？

生5：第二段还写到他的演讲，非常有趣。说明梁任公先生有趣。

师：他发现了一个很重要的问题，就是梁任公先生有趣。但是原文是怎么说的呢？请大家读一读。（学生朗读）同学们发现"趣"字后面还有一个——

众生：还有一个"味"字。

师："趣"和"味"会一样吗？

众生：不一样。

师：其实文本很多地方就是表现梁任公先生的"趣"和"味"的。我认识不少宿松县练书法的人，他们经常到宿松县山水公园的松月堂里喝茶练书法，这实际上是一种生活的——

众生：情趣。

师：练书法的人，他们的情趣怎么样呢？

生6：高尚。

师：高尚是用来形容人的——

众生：品质的。

师：情趣只能用——

众生：高雅。

师：文中还有哪些地方写了梁任公先生的形象呢？

众生：梁任公先生进场的时候。

师：同学们读一读。（学生朗读）大家猜猜我想让大家抓住哪一句话来重读？

众生：这就是梁任公先生。

师：对，这一段是怎样来写梁任公先生呢？

众生：短小精悍。

师：这是从哪个角度来写？

众生：身材。

师：还有吗？

众生：秃头顶宽下巴。

师：这又是从哪个角度来写梁任公先生？

众生：肖像。

生7：还有从衣着的角度写梁任公先生穿着宽大的长袍。

生8：还有神态。步履稳健，风神潇洒，左右顾盼，光芒四射。

师：你们觉得哪一个词用得准确，非常好地总括了描述梁任公先生的形象的角度？

众生：风神潇洒。

师：是风神还是潇洒呢？

众生：风神。

师：对，你们能把这个词扩展一下吗？

生9：风采神韵。

师：风采神韵这个词用得好。这里你们看到了一个怎样的梁任公先生？

众生：卓越不凡，卓尔不群！

师：文中哪些地方还写到了梁任公？

众生：开场白的部分。

师：请同学们读一读文中梁任公先生的话。（学生朗读）再读一次。（学生再读）哪一个字要读好的？

众生："喽"。

师：请把"可是也有一点喽"再读一次。（学生朗读）这是一位怎样的老师呢？

众生：幽默，谦虚而自负。

师：同学们看，这里是自负吗？

生10：不是，而是一种自信，对自己学问的自信。

生11：这一段当中还写到了梁任公先生的声音"沉着而有力，有时又是洪亮而激亢"，写出了梁任公先生中气足。

生12：这一段当中还写到了梁任公先生的眼睛。"眼睛向上一翻"。

师：这里大家看到了一个怎样的梁任公先生？

众生：幽默、调皮。

生13：幽默，我赞同。但调皮，我觉得不恰当，应该用天真。

生11：我觉得天真和调皮都不恰当。

师：为什么呢？

生11：这两个词好像都是写小孩的，不能用来写成年人。

师：成年人有孩子气，我们把它称之为——

众生：童趣。

师：实际上，本文还有一段写到了这种童趣。大家找一找。

生14：在文中第六段写"有时候，他背到酣畅处，忽然记不起下文，他便用手指敲打他的秃头，敲几下之后，记忆力便又畅通，成本大套地背诵下去了"。用手指敲秃头的动作，体现了他的童趣。

生12：他在学生面前用手指敲秃头，还有他的演讲"到紧张处，便成为表演。他真是手之舞之足之蹈之……"看似不雅，实际上折射出梁任公先生不拘小节！我觉得这才是生活中的梁任公，这是他真性情的流露。

师：你发现了一个怎样的梁任公先生呢？

生12：有真性情。

生15：这一段当中还写了梁任公先生博闻强记。

师：在文中有哪些体现呢？

生15：写到了他成本大套地背诵古诗文。

师：在开场白一段，大家发现除了写到了梁任公先生的眼睛、声音、语言之外，还写了梁任公先生的一个动作，大家找一找。

众生:"轻轻点一下头"。

师:从老师轻轻点一下头,你们又能看出什么?

众生:梁任公先生亲切和蔼。

师:老师在课堂上轻轻点一下头,产生的效果是什么呢?

生16:好像老师都在看我呢,说明他心中装着学生,让学生有亲近感。

三、质疑探究,聚焦难点

师:一个老师眼中有学生,心中便会自觉不自觉地育人。在梁实秋先生的眼中,梁任公先生又是一个怎样的人呢?

众生:有学问、有文采,有热心肠的学者。

师:同学们发现哪一点我们先前探讨的相对少一点呢?

众生:有热心肠的学者。

师:梁任公先生的"热心肠"在文中是如何体现的呢?文中的哪些段落集中写到了梁任公先生的热心肠?

众生:第五段和第七段。

师:请同学们先读一读第五段。(学生齐读)这一段是怎样写热心肠的?(众生沉默)这一段段首引用了一首诗,我请一位同学读一读,有请班上的劳动委员。(学生朗读)读得怎么样呢?(众生沉默)梁实秋先生认为"这四句十六字,经他一朗诵,再经他一解释,活化出一出悲剧"。刚才劳动委员读完,你能感受到那种悲了吗?

众生:没有。

师:应该怎么读?有没有同学来读一下?(众生沉默)梁任公先生是怎么读的呢?梁实秋先生的同班同学闻一多先生在一篇文章中这样记载:(投影)

"公、无、渡、河",接着大声喝彩,叫一声"好!"然后再重复地念:"公、无、渡河,好!公、竟——渡、河,好!渡河——而死,当奈——公何!好,真好,实在是好!"梁任公这样自我陶醉的一唱三叹,一声高似一声,并无半句解释,朗诵赞叹过后,就高呼道:"思成,抹黑板,快抹黑板。"思成是梁任公的儿子,也在班上听讲。黑板擦过,这首古诗就算讲完了……

请大家对读。(学生对读)大家发现这里的"无"是一个什么字?

众生：通假字，通"毋"。

师：你们怎样理解这首诗的呢？

生16：你不要渡河，你竟然渡河了？你渡河死了，我们拿你怎么办？

师：大家比较一下渡河而死与渡河死了有什么不同？

生17：一个"而"字表明是因渡河而死，为渡河而死。

师：这首诗应该怎么理解的？请一位同学复述一下。

生18：第一句是对渡河人的劝诫、告诫。第二句是质疑。

师：那渡河人是怎么回答的呢？

生18：为渡河而死。

师：第四句寄托了怎样的情感？

生18：无奈。

师：是无奈吗？

生18：悲哀。

师：是悲哀吗？这里有悲，但有哀吗？

众生：应该是悲伤、悲痛、悲壮。

师：梁任公先生这样陶醉地读后，梁实秋先生又是怎样记载的呢？请大家读一读。（学生朗读）难怪王国维这样评价这首诗：（投影）"这十六字构成中国诗坛最悲壮凄惨的一幕，是用血写成的。"

师：怎么理解这一评价？

众生：这首诗属于中国，属于中国人。

师：这样的人在中国历史上多不多？（沉默）大家觉得这首诗最容易理解的是哪一句？

众生：渡河而死，为渡河而死。

师：渡河在这个人心中是什么？

众生：是使命、责任、担当、理想、信仰……

师：历史上这样的人多不多？能举一个例子吗？

生18：比如文天祥。

师：文天祥曾经写过一首诗《过零丁洋》，其中有两句最为著名，大家还记得吗？

众生：人生自古谁无死，留取丹心照汗青。

师：孔子对这样的人是怎么评价的呢？

众生：知其不可而为之。

师：自己做不了还要去做，这不是飞蛾扑火吗？

生19：那样的人不是飞蛾扑火，而是扑向光明。体现的是这个人对理想的追求的决心、坚定、执着。

师：梁任公先生读到这首诗时可能想到了什么？（学生沉默）历史上梁任公先生是一个什么人呢？文中是怎么写的？

众生：梁任公先生是戊戌政变的主角，是云南起义的策划者。

师：大家知道戊戌变法吗？戊戌变法结果怎么样？

众生：知道，变法失败了。

师：当时梁任公是变法重要的参与者，你们还记得是谁主导的吗？

众生：光绪皇帝。

师：戊戌变法失败以后，康梁逃到了日本，但是有一个人没有逃走，大家学过历史，知道这个人是谁吗？

众生：这个人就是谭嗣同。

师：在康梁劝说谭嗣同到日本避避风头的时候，他拒绝了。他说过这样一段话（投影）：

我要渡河！各国变法，无不从流血而成，今中国未闻有因变法而流血者，此国之所以不昌。有之，请自嗣同始！"

请大家读一读这段话。（学生朗读）意思是说每个国家的变革都是在流血中进行，如果我的流血和牺牲能唤醒国人内心的迷茫，那么我甘心愿意做这样的一个人。在我心里，国家才是最重要的，我这条命比起国来无足轻重。这是谭嗣同对他的战友们说的一段话。最后，他被捕了。在牢房的墙壁上，他写下了两句话：我自横刀向天笑，去留肝胆两昆仑。在赶赴刑场的路上，他又写下了这几句诗：有心杀贼，无力回天，死得其所，快哉快哉！用鲁迅先生的话讲，这样的人是——

众生：真的猛士。真的猛士敢于直面惨淡的人生，敢于正视淋漓的鲜血。这是怎样的哀痛者和幸福者。

师：他们为什么要这样做呢？

众生：为了国家的进步，国家走向繁荣富强，他们敢于牺牲。

师：梁任公先生读到这首诗，他想到的是些什么人呢？

众生：他想到了他们那一代的人，想到了他们自己的青年时代。

师：这些人是什么人呢？《荆轲刺秦王中》把这类人称之为——

众生：士人。

师："士人"是什么人呢？

众生：是对国家有担当、有责任感的人，为国家利益慷慨赴死的人。

师：文章开头说"梁任公先生晚年不谈政治，专心学术"。他把希望寄托在了哪里？

众生：在青年人身上。

师：你怎么知道？

众生：文中开头这样写"那时候的青年学子，对梁任公先生怀着无限的景仰，倒不是因为他是戊戌政变的主角，也不是因为他是云南起义的策划者，实在是因为他的学术文章对于青年确有启迪领导的作用"。

师：大家能想起他的哪些作品呢？

众生：《少年中国说》。

师：大家能否背一下你熟悉的内容？

众生（齐背）：少年强则国强，少年智则国智；……

师：是的，晚年的梁任公先生把满腔的热血倾洒在下一代人身上、在青年人的心里，祈求在青年人心里播下种子，期待它们发芽、开花、结果，长成一棵参天大树，挺起中国的脊梁！这就是梁任公先生的热心肠啊。实际上，文中还有不少地方写了梁任公先生的热心肠，下一节课我们继续欣赏。

今天，布置一项作业：请大家用300字写班上一位老师上课的一个片段，看看同学们能不能同梁实秋先生比一比。下课。

（原载《读写月报》（语文教育）2018年第10期）

【点评】

在比较中实现熟悉与陌生的相乘

汲安庆

一、教学环节评析

（一）揭题入文，整体把握

课堂教学第一环节，张敏老师从题眼"演讲"切入，既可使学生整体上把握文本内容，也可于无形中体味文题与内容的关联，而对话中的"增润"——讲《桃花扇》时痛哭流涕，讲杜甫的诗时又张口大笑，这不是演讲内容，而是两个特写，更是顺势而化，润心无声。

美中不足的是问题比较绕。"哪些内容关乎演讲呢？""具体写到演讲的是哪些段落呢？""还有哪些地方涉及演讲呢？"这些发问，可以合而为一：围绕梁启超的演讲，作者写了哪些方面的内容？进而有效规避"关乎""具体""涉及"这三个词的相互干扰。

对话不仅要注意概念的仔细辨正，更要注意评价的及时到位，以使学生思维走向严谨与深刻。学生说第四段写到了"声音"，远不及"开场白"表达精准，教师惜未指出。开场白部分也属于具体写演讲，教者的引领对之有所忽视。第五、七段不仅写了演讲的内容，也写了演讲者的神态、动作；不仅有概括描写，也有具体描写；不仅有正面描写（特写），也有侧面描写（演讲效果的描写），只突出"特写"，显然不妥。

（二）深入文本，分析人物

课堂教学第二环节，师生、生生间的思维博弈都有了。"书法秀丽，十分美观是人物形象特点吗""趣和味会一样吗""'喽'字中体现的不是自负，而是一种自信，对自己学问的自信"……将词语的质感摩挲与人物内心"广大情致"的体味有机结合，实现不同主体间的生命会通，将课上得文质彬彬而又富有生活的气息、个性的魅力。

学生从讲稿中看出梁启超做事认真，作风严谨，教者应该趁势追问：何以见得？这样，书法秀丽与严谨的作风、高雅的情趣就建立内在的联系了，师生对话也不会太迂回。身材短小，秃头顶、宽下巴，穿着肥大的长袍，更是谈不上"风神潇洒""光芒四射"，如何看待这种感知变异，进而将作者破体写作的篇性揭示出来？可惜教者并未深入到这一有意味的形式层。

（三）转变视点，体悟热肠

课堂教学第三环节，由梁启超情怀的散点透视转向"热心肠"的焦点透视，一下子进入了篇性的核心——"有学问、有文采，有热心肠"确是文眼，虽浑融一体，但三者依然有主次之分，前两者可以说是后者的烘托。这种笔墨分布和郁达夫《故都的秋》异曲同工，故都的秋味——清、静、悲凉，后者也是被浓墨重彩地抒写。教者敏锐地把握到这一点，引领学生从《箜篌引》讲解的情动于衷、对青年学生的灵魂震撼，体悟梁启超对理想、民族、学子的热心肠，以点带面，虚实相生，做得很是巧妙。辅之以闻一多、王国维、谭嗣同等人的相关史料，更是让学生对梁启超的"热心肠"有了丰富而立体的感悟。作业布置是人物特写，则将阅读教学引向了存在式学习的境界，颇为高明。

可是，因为太过看重"热心肠"的体悟，对其间的春秋笔法并未点明；对其间的矛盾——比照闻一多的散文，梁启超当时的演讲并未对《箜篌引》作出"解释"；"听过这讲演的人，除了当时所受的感动之外，不少人从此对于中国文学发生了强烈的爱好"，这样的记述更是与其他在场听众的记述不合。

一位叫梁容若的学生在《梁任公先生印象记》一文中这样写道："他懒于写板书，他的话对于我们很生疏，所讲的问题，事前又没有预备知识，所以两小时讲演的内容，听懂的实际不到六成。当晚在日记里写'见面不如闻名，听讲不如读书'，因而联想任公先生南北奔驰，到处登坛讲学，究竟是否收到比著书更大的效果，怕要大成问题。"[1]

当时与梁实秋同在清华读书、同时聆听的梁启超入室弟子杨鸿烈说得更加明白："长期以来，梁氏虽为众所公认的一代作家，但在说话的时候，虽非蹇缓口吃，却很缺乏流利明白的口才。他在讲演的时候有时只闻'啊啊'的声音,即表示其词不达意。"[2]

这些矛盾处其实就是梁实秋破体写作的部分,因为诗性激化情感的发酵,平实抒情的散文规范被超越了,只为更能抒发对梁启超的敬仰与痴迷。然而,教者没有进行历史或艺术的还原,将这种最见风神的形式秘妙在不知不觉中过滤了。

从这个角度说,教者对持守语文体性的深度自觉还需加强。

二、课堂教学整体评析

熟悉与陌生相乘是一种令人神往的教学愿景,这主要是从美学角度讲的。大学者弗兰西斯·培根就曾为艺术下过一个定义:艺术是人与自然的相乘。[3] 自然人化,人自然化,双向交汇的过程中,艺术诞生了。由此延展,感性理性化,理性感性化的双向融合、生长,美学诞生了。落实到教学中,注意我的文本化,文本的我化,并实现熟悉与陌生的相乘,教学的美感、活力、吸引力也就悉数产生了,这种境界显然比建构主义理论中同化与顺应的境界要高,因为科学和美都融为一体了。

问题是如何在语文阅读教育中化为现实?张敏老师的比较教学作出了很好的回答。

(一)蓄势而比,让陌生与熟悉相乘更自然

比较或许更契合陌生与熟悉相乘的真谛,因为无论是异中求同,还是同中求异,熟悉与陌生都会像太极图中的阴阳两鱼一样不断生发、发展。但是,这并不意味着随意而比都能产生这种美妙的效果,比较一样需要讲究艺术。

张敏老师的整体教学架构呈现两大比较:视角之比——我们眼中的梁启超和梁实秋先生眼中的梁启超比照,这是主体,在场的;技法之比——写一位老师上课的一个片段,与梁实秋先生的特写技法比一比,这是指向,不在场。但是,张老师不是一上来就进行生硬、突兀的比较,而是先聚焦"演讲",和学生探讨写了哪些内容,再围绕这些内容感受梁启超的形象——审美成熟后,再沿着"热心肠"深钻下去,最后引导学生化用所学,写一位老师的教学片段。可以说是一层为一层蓄势,熟悉与陌生不断交融、生化,让篇性审美("有热心肠"是文眼中的文眼,被"有学问""有文采"烘托着、润泽着,却又含而不露)和言语表现(写一位老师上课的一个片段)绚丽怒放。

这与知识本位或能力本位下的"模块教学"判然有别。因为它并非将叙事散文相关知识的记忆、习得看得很重,而是更看重情怀表现视域下命题、结构、修辞、表现手法等方面的自然体验、对话、启悟与发现。因此,指向言语表现与存在的素养本位思想特别鲜明。

尤为可贵的是,这种比较架构的确立,是基于一种真实的学情:在教学说明中,张老师说课前布置预习,学生总共提了十几个问题,主要聚焦两大问题:梁任公先生是个什么样的人?怎么理解梁任公先生的热心肠?有调查,才有发言权;有调查,才有建构权。因此,他的蓄势而比,不仅艺术,而且科学,令人信服。

微观来看,每个环节中也有蓄势而比,这主要体现在师生间、生生间的思维博弈,彼此生发——

师:大家发现这(指梁启超讲《桃花扇》时痛哭流涕,讲杜甫诗时的张口大笑)是演讲的内容吗?

众生:不是,这是两个镜头。

……

师:自己做不了还要去做,这不是飞蛾扑火吗?

生:那样的人不是飞蛾扑火,而是扑向光明。体现的是这个人对理想追求的决心、坚定、执着。

……

这些细微处的比较,看似各各独立,其实都是为视角之比、情怀之比、写作之比蓄势的,因此显得有条不紊,饱满而灵动。

(二)多元比较,让陌生与熟悉相乘更深透

从语文体性的视角看,张老师的比较主要涉及下述几个方面:"我们"与作者的视角之比、对作者情怀的体验之比、写作之比;作者所写的内容与写法之比——开场白,讲《箜篌引》《桃花扇》是具体描写,讲稿、风神的描写则是相对概括的描写;学生发言以及文本中修辞之比——如"情趣不能用高尚,应该用高雅","'可是也有一点喽'一句中见出的是先生的自信而非自负","渡河而死与渡河死了有什么不同"从宏观到中观再到微观,都有了,加上张老师或顺势而化,或趁势追问,或直接扮演论敌,挑战学生的观点,所以整个教学充满了审美的张力与灵动。读他的实录，有园林漫步之感，时能发现思维的新景，这与多元比较中熟悉与陌生的相乘显然有着紧密的关联。

不过，多元比较如果能以篇性的审美开掘为中心，相乘还会更加有力，气象万千。

本则教学实录中，赏析梁启超吟诵《箜篌引》，讲解《桃花扇》等内容时的"失范"细节，对抒情的春秋笔法没有明确点出；对梁实秋的感知变异——短小、秃头顶、宽下巴的形象被视为"风神潇洒"，没有引导探究；对文本的两处失真（1. 没有解释《箜篌引》，硬说解释了——梁启超自己都说："古乐府里头有一首《箜篌引》……都是用极简单的语句，把极真的情感尽量表出；真所谓'一声《河满子》，双泪落君前'。你若要多著些话，或是说得委婉些，那么真面目完全丧掉了。"[4] 2. 口才及演讲效果均不佳，硬说其"活画出一出悲剧"，令当时的听众受到"感动"，甚至"不少人从此对于中国文学发生了强烈的爱好"），没有进行历史或艺术的还原。

这种现象并非个例。一些优秀的解读文章或教例，如《〈记梁任公先生的一次演讲〉教学三问》（《中学语文教学》2010年第7期），《新课程阅读教学需要跨越的"三重门"——以〈记梁任公先生的一次演讲〉教学为例》（《中学语文》2012年第1期），《为细节而读——〈记梁任公先生的一次演讲〉教学节录》（《中学语文教学参考》高中版2018年第3期），对上述的篇性开掘几乎都不约而同地选择了忽略。因此，篇性审美视域下熟悉与陌生的相乘，还有很漫长的路要走。

（三）有"的"而比，让陌生与熟悉相乘更有力

蓄势而比、多元比较其实都要受到"的"（目标）的统摄。无的而比，必将丧魂失魄，有的而比，熟悉与陌生的相乘才会更加精粹、有力。

这个"的"在阅读教学中，就是着力于篇性的揭示，启悟学生的言语表现智慧，牧养他们的言语生命意识，不断为言语表现与存在蓄势。单元目标、三维目标、核心素养不是不考虑，但也不是切割划分——这样做无异于刻舟求剑，注定劳而少功，甚至劳而无功，有的老师弄出六七个目标，再额外加上重难点目标，一节课将近十个目标，这不是作假又是什么？

巧夺天工的教学一定是以篇性揭示为中心，带动体性持守，类性辨识，

却又能悄无声息地贯彻语文课程目标、单元目标、语文核心素养理念。

张老师的这节课有单元目标的渗透——透过对人与事的描写，仔细揣摩人物的言行、心理，体察人物的个性、情操，看作者如何在人物描写中体现对人物品行的评价，如何在叙事中表现或隐或现的情感倾向。他引导学生从讲稿秀丽的书法中悟梁启超的高雅情趣，从《箜篌引》的讲解中体味梁启超的热心肠，从眼睛上翻、语气词"嘿"中体味梁启超的幽默和童趣，甚至连"那时候的青年学子对梁任公先生怀着无限的景仰"这种寻常交代都挖出了"热心肠"，无不是在落实单元教学目标，却又不是按图索骥，而是围绕热心肠的审美，带动相关形式秘妙的揭示，并指向人物特写技巧的化用，所以很好地实现了共性与个性的统一，熟悉与陌生的相乘，语文核心素养的培育也尽在其中。

当然，比较中如何在形意统一的基础上突出形，深入开掘篇性，并实现文本与文本的打通，语文与生活的打通，不同主体生命的打通，更好地走向言语表现与创造，还需深入探索。

（本文发表于湖北大学《中学语文》2018年第10期，有删节，作者系文学博士，南京信息工程大学教授）

参考文献：

[1][2] 夏晓虹.《追忆梁启超》. 北京：中国广播影视出版社，1997：340/287.

[3] 余秋雨.《艺术创造论》. 上海：上海教育出版社，2005：2.

[4] 梁启超.《梁启超论中国文学》. 北京：商务印书馆，2012：198.

05. 依"劝"破题　披文入理

——《劝学》教学札记

《劝学》是人教版必修三古代议论性散文单元里的第二篇古文。整册教材包括语文核心素养涵盖的"阅读与鉴赏""表达与交流""梳理与探究"三部分。其中"阅读与鉴赏"模块包括中外小说鉴赏、唐诗意境与情感、古代议论性散文和科普文章四个单元目标。必修三的"表达与交流"包括学习选取立论的角度、学习选择和使用论据、学习论证、学习议论中的记叙四个单元目标。很明显，"阅读与鉴赏""表达交流"都偏重于议论说理这种分析能力。因此，确立《劝学》教学重点必须着眼于整个模块偏重议论性说理分析能力的目标，着重分析《劝学》这篇文章的说理技巧。这样的教学重点的确定，才能保证课堂教学从教课文上升到教课程的高度。

教授《劝学》这篇文章时，我们除了要观照它的课程价值、教材价值外，还必须关注其课文价值。要实现这些价值有一个基本的前提，那就是要引导学生对课文内容进行必要的梳理分析。记得熊芳芳老师在《命名的力量》一文中这样说："命名是如切如磋，如琢如磨。"虽然她谈的是教育的智慧，但我仍然觉得这句话还有教学的借鉴作用。编者把节选自《荀子》的《劝学篇》中的本文，命名为"劝学"，恐怕不单是简单的借用，而应有其独特的意味。于是，在导入后便有了这样的师生对话：

师：大家课前读过这篇文章没有？

生：读过。

师：有多少同学可以背诵？

（大约三分之一的学生举手）

师：大家过去学习过《孙权劝学》，今天我们再来学习战国时期思想家荀子的《劝学》。这里的"劝"是什么意思呢?

生1(一个快嘴的女孩脱口而出):鼓励。

师:还有其他意思吗?

生2(一个男孩大声说):可以理解成劝勉。

师:虽然《古代汉语词典》中两个意思都有,而且解释放在同一个义项当中,但是劝勉和鼓励哪一个更准确些呢?

(课堂开始热闹起来,有的说是劝勉,有的说是鼓励。)

师:有主张便有举证,这是做学问的基本要求。同学们能否在文中找到依据呢?

生1:课文的注释便是鼓励。

生2:鼓励、劝勉都有让人做某事的意思。但是劝勉应该还有一层意思,就是怎么去做,或者说是方法和路径。而鼓励,却没有这一层意思。

师:那么这篇课文当中谈到了方法吗?

生:谈到了。

师:在文中的哪里呢?

生3:在文章第三段。"君子生非异也,善假于物也。"

(这正折射出学生对文本比喻论证说理技巧的不理解。因此我又设疑)

师(轻轻地):是这句吗?这里的"物"是什么?

生3:自然的客观条件。

师:要这些客观条件干什么?

(学生一时语塞。我便安排他们集体朗读第三段)

师(趁机问):再看看这里的"物"是什么?

生4:这里的"物"是学习。这一段先说"终日而思不如须臾之所学",强调"学"的重要性;再说"吾尝跂而望矣,不如登高之博见也";接着指出"登高而招,而见者远,并非臂加长了""顺风而呼,而闻者彰,并非声加疾了";又举例类比"假舆马者,非利足也,而致千里;假舟楫者,非能水也,而绝江河";最后总结"君子生非异也,善假于物也",强调成为君子就要"善假于物也",即成为君子就要学习。

通过分析,学生明白"君子生非异也,善假于物也",是为了强调学习的重要性。自然课堂上学生开始更加主动地寻找文中论述学习方法的句子。我也趁机点拨：大家平时劝人做事情一般把方法和路径放在哪里呢？"结尾。"学生脱口而出。于是，"积累、坚持、专一"很快出现在板书中。

此时，我又乘机提示：这里是把"劝"理解成鼓励还是劝勉呢？学生们明白这里的"劝"理解成劝勉更符合文本。这样的课堂对话让学生明白并不能迷信教材的注释，而是要依据文本勇于质疑，勇于批判。这样就不动声色地实现了"还应当有点质疑问难的精神，大胆提出问题，探究问题，才能提高思考能力和议论能力"的单元教学目标。

此时，学生心中便有了疑问：为什么要"劝学"呢？课堂似乎又回到了原点。通过先前的梳理，大家马上发现，第三段强调了学习的重要性：学习可以弥补自己的不足。而依据学生原有的学习经验，一般的说理文除了论述"学"的重要性之外，还应该强调它的必要性。于是，必要性在原文中是如何体现的，自然成了学生追寻的目标，第二段的内容便进入学生的视野。在学生朗读完以后，我让大家寻找中心句。有了前面的学习经验，很快学生便找到了"君子博学而日参省乎己，则知明而行无过矣"。我便又问：实际上这是写的什么内容？很快，学生结合注释便明白了，这是写学习的意义：学习可以改变人、提高人。

课堂进行到这里，我又结合论述文的基本特征抛出了另一个疑问：大家结合平时写议论文的经验，发现刚才我们分析的是什么呢？学生很快明白，"这里分析的是本文的分论点"。那么，"中心论点是什么？"自然又成为学生主动探求的目标。很快"学不可以已"，便脱口而出。至此，《劝学》这篇文章的结构便明晰起来。梳理课文的任务基本完成。

这一节课到这里似乎可以结束。但为了顺利过渡到分析文本的说理技巧。我又提出了一个问题：为什么荀子开篇就说"君子曰"？这个问题带来了新一波的生成——

生5：要回答这个问题，先要明白什么是"君子"。

师：什么是"君子"？

生5："君子"就是指有学问有修养的人。

生6：这样说相当于我们今天引用名人的话，可以增强观点的说服力。

生7：还可以强调说理的逻辑性。

师：这话怎么理解？（开始引导学生关注荀子说理的技巧）

生7：不支持君子这样说的话，便不是君子。荀子说理让反对者无话可说，一旦反对就自我矮化成非君子。非君子的观点在一个信奉君子的时代里自然没有市场。

师：分析精辟。

经过这样的点拨交流，学生便明白荀子说理的严密性以及作为哲学家的智慧。一句"君子曰"，便让自己的观点无可挑剔，不容置疑。文章一开篇就有先声夺人之效，足见荀子说理技巧之高超。那么这篇文章中，荀子是怎么说理的呢？自然成为下一堂课的主要内容，也是学生心底自然而然的叩问。这样探究分析荀子的说理技巧便成为学生学习的心理动机，学生的内驱力得以激发出来，下一堂课分析荀子说理的技巧就水到渠成了。

（原载《中学语文教学参考》（上旬）2017年第12期）

【点评】

文本教学价值的转化与教学内容的生成

欧阳林

读了张敏老师《依"劝"破题　披文入理》颇有感想。张老师说在教授《劝学》这篇文章时，说除了要观照它的课程价值、教材价值外，还必须关注其课文价值。这是一个很有意义的话题，因为他不只是探讨教什么（即教学内容）的问题，而且是探讨教学内容从何而来的问题。

一、教学内容的不确定性

我们在实施语文教学的时候，面临的首要问题，就是语文教学内容的确定。正如李海林教授所说，"我们教和学的是一篇篇的课文，但课文并不是我们要教和学的内容，课文只是我们要教和学的内容的载体，语文课的教学内容隐藏在语文课文中。于是，'教学内容是什么'这么一个在其他学科里老师们开始实施教学前就已经解决的问题，在语文教学中还是一个等待解决的问题，而且是一个必须解决的问题"。

"课文并不是我们要教和学的内容"，那教学内容是什么？从哪来？如何确定？课文本身起什么作用？与教学内容是什么样的关系？这一直是困扰一线教师的大难题。

通常来讲，教学内容的确定要从课程内容、教材内容中来，依据的标准是课程价值、教材价值以及教学价值。但是，课程价值在不断发展变化，教材价值由于编者的不同也不尽相同，因此课程内容与教材内容多年来一直具有不确定性。同时，"语文教学的内容，粘着于、寄附于人类的一般文化活动和作品"（李海林），而这些文化活动和作品的解读具有多样性，"一千个读者眼中就有一千个哈姆雷特"，这些就决定了语文教学内容的不确定性。

在这里，几个"价值"的概念需要澄清，一篇文章被选入教材之后，具有了课程价值、教材价值、教学价值。教材价值是指一篇文章进入语文教材后，编者所赋予它一定的价值。教学价值是教师将教材转化为教学资源，实现其对学生语文学习、语文核心素养培养的价值。

不同版本的教材，由于编者对文章理解的不同或者单元编排体系的不同，往往被赋予了不同的教材价值。以《劝学》为例看在不同教材中的定位。

人教版选在必修3第三单元——古代议论性散文。编者设定的教材价值是"立论的方法"："严密周详的论证逻辑，以及由此产生的说服力量"（单元提示）。

苏教版编在必修1第二专题——获得教养的途径。专题提示说"为什么人需要在学习中不断地反省自己的行为""注意到它们表达思想的方法""抽象的道理在娓娓的阐述中表达得那么生动、清晰"，是强调内容主旨和表达的方法。

语文版编在必修4第四单元——论如析薪，从立论分析的角度突出写作指导作用。

粤教版编在必修4第四单元——文言文（2），学习"古代先贤……崇高的责任感……关怀人生、关注社会的人生理想……领悟其中蕴涵的中华民族精神，培养民族自豪感……接受优秀文化的浸濡……学会借助注释和工具书，理解词句含义，读懂文章内容，掌握文言实词古今异义词的异同与变化以及常见的文言句式的用法……"，前面的表述显得比较空洞，往往难以落实，能落到实处的还是"文言"。

鲁人版编在必修1第一单元——开启智慧之门，与朱光潜的《谈读书》（自读文本）编在一起，编者没有单元提示，按编辑体系推测，当为学习积累与从师求学的意义与作用。

不同版本的教材编者赋予了《劝学》不同的教材价值，固然各有其道理，但也说明了教材价值的多样性与不确定性。那么，这也就为一线教师实际教学时的选择留有了空间。一方面可以尊重编者的意图，按照提示或要求生成教学内容，但另一方面也有可能根据自己的解读生成不同于教材要求的新的教学内容。这到底是教学的混乱还是百花齐放？还真不好说。

这里有个问题，固然教材价值有多样性的特点，但一篇课文的教材价值往往是由整个教材的价值体系决定的。同一篇课文在教材的不同位置上可有不同的具体价值定位，编者有他们的依据，但为什么还会有教师另辟蹊径开发不同于教材价值的教学内容呢？

寇永升老师在《教材价值转化为教学价值的途径与障碍（下）》（《中学语文教学参考》高中版2018年第11期）一文中阐释的观点一定程度上回答了这个问题。他认为，教材价值在转化为教学价值的过程中遇到了各种障碍，一是教材编者对文本的原生价值解读错误使得教学价值难以实现，二是文本在教材编辑体系中位置错误带来教学价值认知偏差。虽然寇老师的观点不一定完全正确，但也反映了一线教师对编者的教材价值并不完全认同的现实情况。这也说明教材编撰者的依据是主观的依据，是自己的依据。

如果不满足于编者的教材价值取向而生成别的教学内容，也并不意味着可以随心所欲没有原则的任意生成。那么所参照的标准又是什么呢？一是课程标准，即最新的《普通高中语文课程标准（2017版）》；二是文本本身，即文本价值。张老师所说的课文价值大概是指文章内容本身的价值。

二、文本价值与教学价值的关系

文本价值与教学价值到底有怎样的关系？

李海林教授认为"课文并不是我们要教和学的内容"。他说，教材中的文章客观上都有两种价值，一种是它们"所传播的信息"的价值，一种是它们"如何传播信息"的价值。在语文课程里，人们主要是学习后者。学生阅读教材里的这些文章的目的本质上不在获得它们所传达的信息本身，而是这些文章在传达信息的时候所产生的"如何传达信息"的信息，并称之为"言语智慧"。言语智慧是在一个言语行为中所表现出来的创造性的心智和自由精神。它的关键不在如何"认识"信息，而在如何对信息进行处理和加工。

李教授的观点给我们以启发，让我们认识到不应该教"不需要教的知识"。但他也指出文本内容与教学价值的关系又密不可分。学生学习课文，首先又要把课文当作一个客体来阅读，需要掌握课文的原生价值。当然，读懂、理解课文并不是阅读教学的最高目的，阅读行为的最高目的，是通过这么一个掌握教材的原生价值的过程，掌握教材的教学价值，即掌握如何传播信息的智慧。

不仅如此，如果我们从学习的本质去思考文本价值与教学价值的关系就可以得到新的认识。我们为什么在学习？学习到底有什么意义和价值？传统的教学，往往将学习局限于知识与技能方面。虽然 2003 版《普通高中语文课程标准》有了三维目标，其中包含"情感态度和价值观"，但是由于三维目标并没有真正有机融合在一起，在实际教学中并不能真正落实。2017 版《普通高中语文课程标准》对其进行了发展，提出了四大核心素养。

这有助于我们对学习的本质有新的认知，学习不仅仅是获得知识或技能的过程，更是建构我们自身的认知体系和思维策略体系，获得生存发展的能力，满足自我发展的需要，进而实现精神成长、心灵满足的需求，或者说是发现意义的过程（这是更高层次的价值）。

教材中的课文，作为人类文化的结晶，天然地包含着对社会、自然、宇宙的认知以及认知的过程与方法，包含着对生命、生活意义的思考、探索的过程、方法与结论，这是文本本身的价值。它涉及人们的精神与心灵，对学生的精神成长与心灵的充实具有重要意义。因而，这些内容天然地应该作为教学内容成为学生学习的对象，我们应该将这些文本价值转化为教学价值在教学中加以落实。

然而，我们应该明白，这些内容并不是能够告知的，即不是以可以记诵的知识形式来进行学习的。这也正是前面引用李海林教授的观点想要佐证的，不能"把无法或不必要知识化的内容教成知识"，也不能"将不必标准化的知识以标准化形式教给学生"。我们需要在对文本的理解中实现上述目标。

那么，我们如何具体实施呢？

三、教学价值的转换与教学内容的生成

张敏老师的课例《依"劝"破题　披文入理》，在观照它的课程价值、教材价值外，还关注其课文价值，便是在兼顾课程价值、教材价值的同时，从课文出发，进行教学内容重构的可贵探索。

其教学流程分为三个板块：

板块一，探究"劝"的哪种理解更好，引导学生从文章中为观点找理由。"劝"，有的说是劝勉，有的说是鼓励，老师便趁机把他们引到文本中来，"有主张便有举证。这是做学问的基本要求。同学们能否在文中找到依据呢？"通过这个问题，既让学生梳理的文章内容，又让学生明白不必迷信教材的注释，应该依据文本勇于质疑，勇于批判，在对文本的理解中实现"还应当有点质疑问难的精神，大胆提出问题，探究问题，才能提高思考能力和议论能力"的单元教学目标。

板块二，通过为什么要"劝学"这个问题，引导学生探究原因，从而梳理出文章的论证结构，明确了两个分论点——学习的重要性和学习的必要性。再启发学生，得出文章的中心论点——"学不可以已"。

板块三，探究为什么荀子开篇就说"君子曰"，引导学生探究背后隐含的逻辑，过渡到分析文本的说理技巧。这个问题带来了新一波的生成，学生有精彩的表现，发现了背后隐含的逻辑推理。学生说："不支持君子这样说的话，便不是君子。荀子说理让反对者无话可说，一旦反对就自我矮化成非君子。非君子的观点在一个信奉君子的时代里自然没有市场。"表明学生有很强

的逻辑意识，这与老师注重逻辑思维的教育有关。

这节课充分体现了教师的主导作用，通过三个问题引发学生的主动思考，让学生成为学习的主体。在梳理文章的论证结构、理解文本内容的同时，培养了学生质疑、探究的意识，让学生明白了荀子说理的严密性以及作为哲学家的智慧。

但是，这节课有没有让学生形成新的认知建构？让学生明白了荀子说理的严密性以及作为哲学家的智慧是不是有助于形成严密说理的能力？

当然，这可能有些苛刻，作为一节课的教学怎么可能实现这么重大的目标？这么问的目的是促使我们进一步思考，我们是否真正深入解读了文本？教学内容是否充分挖掘了文本的教学价值？是否让学生真正有了认知的提升？

在板块一中，生2说："鼓励、劝勉都有让人做某事的意思。但是劝勉应该还有一层意思，就是怎么去做，或者说是方法和路径。而鼓励，却没有这一层意思。"为什么劝勉还有这个意思？应该再进一步区分两个词为什么不同。劝勉有劝说、勉励的意味。既然是劝说，那就要论证为什么要学习。因此，劝勉并不是一定包含"怎么做"的内涵。

后来教师提示说：这里是把"劝"理解成鼓励还是劝勉呢？学生们明白这里的"劝"理解成劝勉更符合文本。但为什么理解成劝勉更好？是因为文中论述了学习方法吗？这并不能构成因果关系，理解成劝勉更好的理由是文章论述了学习的作用。此时应该加以明确。

质疑与思考能力的提升必须依附于具体内容的理解才能有效实现，那么这个问题对文本的理解起到什么作用呢？从实录来看，似乎是让学生明白了"劝"解释成劝勉更好，因为文章谈到了学习方法，但这种因果关系比较牵强。

板块二中，谈到了学习的意义、必要性和重要性三个概念，它们有什么不同？张老师认为第三段强调了学习的重要性，除此之外，还应该强调它的必要性。"学习可以改变人、提高人"是不是也可以说是写学习的重要性？这种概括并没有区分第二段和第三段的不同。其实，第二段是谈学习的意义，是学习的内在效果，即通过学习可以改变自己；第三段是谈学习的价值，是外在作用，即通过学习可以使事情得到更好的结果。

意义是一个人对自身所做的事物的认可，是一个人自己内在的标准。价值是以世界上通行的标准对一个人所做的事情进行判断，是以外在的、世俗的标准进行判断。如果做一件事既有价值，又有意义，这样的事就会让人产生特别丰沛的幸福感。如果只有价值，缺乏意义，这就会形成世俗上的所谓的成功。一个人外表上拥有了他人认为的一切好的事物，可是，这个人自己内心缺乏对这些事物的认可，他也会觉得自己的人生没有多少意义。

　　可以说，作者分别从意义和价值两个角度来论证学习的作用，这是其论证说服力强的原因之所在。不仅如此，这更会给学生精神的指引，让学生认识到什么是有意义、有价值的人生，进而引导学生去寻求自己有意义、有价值的人生。如果我们讲到这个层面，学生会有怎样的感受？还会认为学语文没用吗？

　　再往下看，当老师问"中心论点是什么"时，学生脱口而出说"学不可以已"。为什么是中心论点，接下来并没有进行分析说明，似乎是自然而然，不证自明的。但是，中心论点与分论点（论据）的逻辑关系并不充分。"学不可以已"的意思是学习不可以停止，而两个分论点是学习的重要性和学习的必要性，能够论证应该学习，并不能论证学习不可以停止。也就说这个论证并不严密。要充分论证"学不可以已"，应该说明不停学习的好处，以及如果停止学习会有弊端。

　　因此，可以说这篇文章的论证并不是真正严密的，或者说，这篇文章真正的中心论点并不是"学不可以已"。第二段通过类比，说明通过学习可以改变提升自己；第三段通过列举登高博见、顺风呼闻者彰、假舆马者致千里、假舟楫者绝江河，进行原因分析，归纳得出"君子生非异也，善假于物也"的结论，类比说明学习的作用。这两段是在论证为什么要学习。

　　在板块三中，老师引导学生关注荀子说理的技巧。生7说："不支持君子这样说的话，便不是君子。荀子说理让反对者无话可说，一旦反对就自我矮化成非君子。非君子的观点在一个信奉君子的时代里自然没有市场。"他的回答很精彩，有很强的逻辑意识。老师由此肯定了荀子说理的严密性以及作为哲学家的智慧。但是，这种结论是有问题的，这种逻辑恰恰是一种逻辑谬误，即诉诸权威谬误。这种逻辑是对人的一种误导，是用一种权威的口气以势压人，看起来有说服力，但并不是真正的以理服人。因为君子的话并不是一定正确，如果君子的话不证自明，那还需要后面的论证吗？

其实，此时恰恰有了生成的契机，那就是引导学生质疑：这种逻辑对吗？这便是批判性思维的运用。由此，我们可以想象，学生的思维真正向深层推进，学生会有豁然开朗的感觉，会感受到思维的乐趣。

于是，我们可以发现，一些成见会阻碍我们对文本价值的发现。因此，我们应重新认识从文本出发，准确深入解读文本，挖掘文本价值。而要做到更好，教师不仅要有不唯教材（权威）是从的意识，还有要批判性思维的能力。

（本文发表于《中学语文教学参考》（上旬）2020年第10期，作者系江苏省正高级教师，常州高级中学语文教师）

06. 依题寻道　探文明理

——《过秦论》教学札记

贾谊的《过秦论》是古代议论性散文中的名篇。编者把它同《寡人之于国也》《劝学》《师说》一同安排在人教版必修3第三单元，并建议学生"聆听其中的济世忠告，感受古人的襟抱与睿智"，进而"体会到传统文化思想精华的宝贵"；同时"借鉴古人议论的艺术，学会清晰有力地表达思想和见解"，从而发展学生质疑批判的思维能力。因此，在教学中，我们不仅要看到单篇课文的教学价值，还应从课程的高度带领学生观照文本的教材价值。正是基于这样的思考，教授《过秦论》时，我便设置了如下的教学目标：①落实文中基本的文言知识（在分析讲解中完成）；②探究文本中的济世忠告，挖掘"先王之道"的具体内涵，体悟人生智慧；③分析文本的说理技巧。当确定了这三个基本目标后，我便明白了这篇课文该怎么教。

上课伊始，我顺着一位同学的演讲（本周主讲传统文化），进行了这样的导入：文化是立国之魂，关乎一国之兴亡。传承传统文化之精髓，一国便兴，丢掉传统文化之精魂，一国便亡。

［从学生的演讲内容顺势导入新课，自然无痕，体现了教师的教学智慧；教师用充满辩证思想的话导入课堂，既让学生知道文化对一国的意义，知道传承传统文化与否将影响到一国之兴旺与衰败，又让学生带着这种认知进入新课的学习中，可谓一石二鸟，恰到好处。］

今天我们就来学习汉朝贾谊写的一篇文章——《过秦论》（板书），看看历史上秦国兴、秦朝亡背后的传统文化因素，去感受贾谊的家国情怀与国运兴衰背后的历史智慧。

一、抓住题目入手，整体把握

师：大家先看看这篇文章的标题，谈谈你的理解？

众生：《过秦论》就是"论秦过"。

师：那好，请大家快速阅读文本，找出文本中作者"论秦过"的段落。

（学生阅读）

众生："论秦过"是在第三段。

师：大家先读读。读完后思考，这一段中作者指出了秦朝的哪些过错？

生：过分对外扩张。

师：你是从哪里看出来的？

［教师要求学生从文本中找出依据，这是在指导学生养成良好的学习习惯，注重文本内容，要言之有据。］

生："南取百越之地，……，士不敢弯弓而报怨。"秦始皇在南边把边界拓展到了今天的两广，距秦朝都城咸阳按照今天算已经有三千公里。而在北边，又带兵三十万修长城、战匈奴。其中士兵的劳累，百姓的苦痛可想而知。

生：对内高压，滥杀无辜。

师：你是从哪里看出来的？

［教师的追问，其实还是在提醒学生要关注文本内容，要找到依据。］

生："于是废先王之道，……，以弱天下之民。""焚百家之言"是思想专制。"隳名城，杀豪杰"的背后是百姓的居无定所、怨声载道，是民心的背离。

师：也就是说，秦朝内外的政策都是有过错的。大家发现这两方面的过错有何共同点？

众生：老百姓日子都不好过。

师：秦始皇对内对外实施的是一种什么政策呢？能否概述一下？

（众生沉默）

［教师的提问指向是明确的，要求学生的是概括，涉及对内对外的"政策"，对学生而言比较抽象，不知该如何回答，故而导致沉默，实属正常。不过，这也能引发教师的反思，继而及时调整教学策略，进行恰当点拨，启发

学生思路。]

师：（点拨）这一段中实际上有一句话做了高度概括，大家找一找。

众生："执敲扑而鞭笞天下"。

师：这里的"敲扑"怎么理解？"天下"又是谁？

众生："敲扑"是指刑具，"天下"是指天下的百姓。

[让学生从字面意思的理解到抽象含义的概括，需要教师的点拨。]

师：那秦始皇的过错是什么呢？

众生：用严酷的刑罚来奴役老百姓，不把老百姓当人看待。

师：秦始皇对内对外实施的是一种什么政策呢？

众生：施暴政。（板书）

师：这样的"不把老百姓当人看"的暴政，用今天的话讲是？

众生：不以人为本。

师：用战国时代的先贤的话讲是？

众生：不施仁政，不行王道。

[教师从今人和古人两个维度启发学生回答，是比较巧妙的。]

生：不施仁政、不行王道的后果是什么？

师：大家可以想一想。

生：应该是社会混乱，百姓怨声载道。

师：我们先来看看秦始皇的目标是什么？文中是怎么说的？

众生："子孙帝王万世之业也"就是期待子孙万代都当帝王。

师：结果怎么样呢？

众生：很快灭亡了。

师：为什么呢？

生：因为秦始皇采取的内外政策与他的目标矛盾。

师：政策与目标矛盾，当然会有坏的结果出现。实际上这时候的秦始皇忘记了哪些古训？

生：忘记了知行合一。

生：忘记了"行仁政、施王道而王天下"。

师：两位说的很有道理。说到"行仁政、施王道而王天下"重要，实际上作者贾谊在这一段中也点到了。请大家把这样的句子找出来。

［教师善于根据学生的回答来引导学生回归文本，在文本中抓核心语句。这也是教师在教学生如何学习文言文的方法。］

二、探究"先王之道"，明其内涵

众生："废先王之道"。

生：这里的"先王之道"中的"道"是什么呢？

师：大家说说。

生："先王之道"前有个"废"字，这一段中作者批评秦始皇施暴政，也就是说"先王之道"中的"道"是仁政、王道。

生：我觉得不对。战国时期，秦国重用商鞅才富强。从历史教材上，我们知道秦国是用法家思想治理国家，而仁政是儒家思想。

师：你能运用历史知识来思考、比较，很好。大家说说他讲的有没有道理？

生：我觉得分析"先王之道"是儒家还是法家之道，还要从文本中来判断。既然讲到"废先王之道"，自然要明白"先王"是哪些人，他们做了些什么。

师：嗯，这个思路正确，讨论文中具体问题必须从文本出发，"先王"是谁呢？他们做了些什么？文中哪个段落写到了秦国先王？

［三位学生根据自己的知识积累和对文本内容的理解，发表了自己的不同见解，教师给予了适时的评价，有肯定，更有启发和引导。］

众生：文中第一、二段。

师：请大家先朗读再讨论。

众生：文中先后写了秦孝公、惠文王、武王、昭襄王、孝文王、庄襄王。

师：他们采取了哪些内外政策？这些内外政策寄寓了怎样的治国之道？

生：秦孝公时期。对内立法度，使社会有秩序；务耕织，百姓有饭吃有衣穿；修守战之具，让百姓得以休养生息，这样百姓可安居乐业。对外连横而斗诸侯，可以减少战争或不战而屈人之兵，使秦国百姓尽量少受战争之苦。

师：大家发现他刚才讲的内容中哪一个词出现了多次？

[这里教师有意识的提醒,是为了让学生思考百姓是当政者政策的获利者,还是受害者,从而来判断施仁政还是施暴政。]

众生:百姓。

师:也就是说秦孝公时期百姓还是可以安居乐业的,体现出了以民为本的思想。那么其他先王时期呢?文中是怎么说的?

众生:"孝公既殁,惠文、武、昭襄蒙故业,因遗策。延及孝文王庄襄王,享国之日浅,国家无事。"

师:这里的"蒙""因"是什么意思呢?

众生:是继承、沿袭。

[教师在学生的回答中把重点文言词语带出来解决,所谓"以文带言,文言结合",显得很自然顺畅。]

师:也就是说先王们采取的内外政策都体现出以民为本的思想。那这里的"先王之道"是什么呢?

众生:就是以民为本,就是施仁政,行王道。

生:我觉得这里的行仁政并非他们的主观目的。第一段中"君臣固守以窥周室,……并吞八荒之心","并且秦人拱手而取西河之外",南取、西举、东割、北收。他们同秦始皇一样,都是对外扩张。他们的目标都是扩张疆土,统一天下。

生:我觉得并不矛盾。他们的主观目的是为了统一天下,这并没有错。这是当时各诸侯国都有的愿望,也符合天下一统的期盼。但秦国先王们采取的内外政策,从客观上起到了以民为本的思想的效果。这是值得肯定的。因此,这里讨论的中心不是主观目的,而应该是客观效果,探讨治国的内外政策是否体现了以民为本或者说仁政思想。我想作者贾谊也正是看到了这一点。

师:分析得极其正确。讨论历史人物及其行为应当还原历史场景,用历史的眼光来看。

[学生的认知和分析能从不同的角度,或产生一定的冲突,这是教师在课堂中希望看到的"美丽风景",所以教师应该给予学生肯定和鼓励。]

三、借助知人论世，把握观点

生：其实，这里我们还要思考贾谊写作的目的。我们知道议论性文章，尤其像《过秦论》这样的政论文总是有其特定的写作目的。

师：你说的真不错。这里我补充一下贾谊的情况以及写作的背景。（投影）

贾谊（公元前 200 年—公元前 168 年），汉族，洛阳（今河南洛阳东）人，西汉初年著名政论家、文学家，世称贾生。贾谊少有才名，十八岁时，以善文为郡人所称。文帝时任博士，迁太中大夫，受大臣周勃、灌婴排挤，谪为长沙王太傅，故后世亦称贾长沙、贾太傅。三年后被召回长安，为梁怀王太傅。梁怀王坠马而死，贾谊深自歉疚，抑郁而亡，时仅 33 岁。司马迁对屈原、贾谊都寄予同情，为二人写了一篇合传，后世因而往往把贾谊与屈原并称为"屈贾"。

［当学生的回答内容恰到时机，教师介绍作者的情况和写作的背景，无疑会起到非常好的教学效果。当然，教师预设的内容需要考虑其针对性和有效性。］

生：从老师介绍的情况看，贾谊写本文分析了秦王朝政治的成败得失，就是为了给汉文帝改革政治提供借鉴，增长智慧，明白治国之道。建议他"以民为本，就是施仁政，行王道"。所以"先王之道"中的"道"是"以民为本，就是施仁政，行王道"，是儒家的治国之道。

生：正是在这样的基础上，贾谊从分析秦国统一的兴、到秦朝快速灭亡的历史事实当中，提出了全文的中心论点：仁义不施而攻守之势异也。

［学生根据教师补充的资料，领悟到本文作者写作的目的，使得课堂的推进很顺畅。］

四、分析说理方法，深化认识

师：那么贾谊是如何来论证这个观点的呢？

［有了前面的分析而得出观点以后，接下来就要聚焦本文的论证方法。这是学生学习本文需要掌握的一个内容，也是让学生领略作者的论证特色和雄

才文气。]

生：运用历史事实作对比。

师：大家看看文中有哪些对比？

生：秦国兴与秦朝亡；秦国统一天下与六国灭亡；陈涉起义力量弱小与秦朝军队的强大；陈涉起义力量与六国力量。

师：大家能否具体谈谈这些对比？

生：我来说秦国兴与秦朝亡的对比。文中把秦国六代国君的内外政策与秦始皇的内外政策对比，指出施仁政兴，施暴政亡。

生：我来说六国与秦的对比。文章在叙述秦国国君成就时，着力铺排各诸侯军队众、谋士多、土地广等，凸显六国地广、人多、俊才云集，且"合从缔交，相与为一"。可是结果"秦无亡矢遗镞之费，而天下诸侯已困矣""从散约败""强国请服，弱国入朝"，让读者感受到施仁政后的强大力量。

生：我来说陈涉与秦朝的对比。文章第三段写秦始皇统一天下的势不可挡，第四段写陈涉率疲惫之卒起义的情景。这两种情形构成对比。秦朝力量极强与陈涉力量极弱形成鲜明对比。

生：我来说陈涉与六国的对比。文章最后一段，将陈涉的起义与诸侯国合纵抗秦作了多层次、多角度的对比。从地位、武器、士卒、人才四个方面突出陈涉在哪个方面都比各诸侯差得多。但是六国灭亡，陈涉亡秦。

五、课堂小结升华，感受意义

师：正是在这诸多的对比基础上，"仁义不施而攻守之势异也"，犹如高山之水倾泻而出，文气磅礴。

师：一篇《过秦论》，道出了国家兴亡的玄机，也道出了贾谊的国家情怀与担当，还道出了人生智慧，给我们、给未来以历史启迪。期待同学们在学习我们优秀的传统文化中吸收借鉴精髓，传承文脉。下课。

（文中的仿体部分是黄争荣老师的批注）

【点评】

以学生的"学"来决定教师的"教"

黄争荣

要真正实现"有效教学",就需要从以往的"以教师的教"为中心,转向"以学生的学"为中心,以学生的"学"(包括所得和所感)来决定教师的"教"。只有这样,才能使得我们的"教"更具有针对性和实效性。

要提高文言文教学的效率,需要"因文定教",即根据文本的特点来确定教学内容,需要设计教学流程和选择有效的教学方法。文言文教学需要根据学生的认知规律呈现教学内容,要"文言并重",来提升学生的语言素养和文化素养。

1. 关于教学目标的确定。张老师根据教材编写者的意图和单元组合文章的特点,从单篇课文的教学价值、课程的高度、文本的特点及教材价值考虑,确定了本课的三项教学目标。应该说,教学目标的确定有具体路径,而且很准确,也符合文言文教学要求。

2. 关于教学过程的设计。张老师先顺着学生的演讲内容(传统文化),用充满哲理的话导入,让学生知道传统文化对国家的兴盛衰败的重要作用;再从题目入手,让学生整体把握本文作者论的对象和内容是秦朝的"过失",引导学生从课文中找到相关段落的内容,顺便落实重点字词的含义和用法;接着引导学生探究"先王之道"是什么,联系秦王的祖先们是如何治国的,秦王和祖先们在治国上的差异,引发学生的不同意见,从而明白其内涵;然后适时地补充了作者的生平主要经历、时代背景及写作目的,让学生更好地把握和理解本文的观点;然后让学生探究本文在写作上的最大特点,即作者的写作方法——对比,从文章内容中进行梳理和归纳,在对比中进一步理解论点的深刻性;最后是课堂小结,指出了学习本文的意义和价值,并且对学生提出了真诚的希望。

可以这样说,这节课张老师从学生的演讲巧妙导入,先抓住题目入手,整体把握，再探究"先王之道"，明其内涵，接着借助知人论世，让学生理解观点；然后分析说理方法，深化认识；最后进行课堂小结，感受意义。教学脉络清晰，教学重点突出，师生互动交流顺畅。

张老师的这节课依题寻道，探文明理，符合文言文教学的要求和特点，落实了文中的一些重点字词和文体知识的教学，体现了一定的文学味道和文化味道，培育了学生的语文核心素养。而学生在本课的学习中是有思考、有交流、有感悟、有收获、有提升的。

3. 关于教学方法的使用。教学方法为教学内容服务。这节课张老师主要通过核心问题的设计，在讲解、启发、点拨和课外材料补充中，在要求学生朗读、和学生对话交流引导中，以及在生生之间的思想交流碰撞中，逐步推进对文本核心内容的理解。文言文教学的多种有效方法在这节课中得到了很好的体现。

4. 关于教学问题的商榷。关于本文的中心观点，我赞同上海中学樊新强老师的看法，即不能简单地认为是秦亡于"仁义不施"（即实施暴政），而应理解为"攻守之势异也"，处于守势的秦仍然"仁义不施"，所以灭亡了。从整堂课看下来，张老师引导学生探究"先王之道"的内涵，最终让学生理解作者贾谊的观点侧重在"仁义不施"，而不是"攻守之势异也"。

从全文看，前三段作者叙述了秦始皇的"先王"们都是通过"仁义不施"的武力之道，向外不断拓展疆土。第四段叙述了秦始皇的统治策略，诸如"愚民""弱民"和"防民"。显然，秦始皇并没有改变先王们"仁义不施"的政治策略，反而是变本加厉了。当然，先王的"仁义不施"之道是向外拓展疆土，秦始皇的"仁义不施"之道是向内坐享天下。秦始皇统一天下以后，自秦孝公以来的历代统治者那种不断拓展疆土的雄心壮志在他身上已经消失，他开始修固城池，坐享天下，还自以为"关中之固，金城千里，子孙帝王万世之业也"（注意"焚""隳""杀"等一系列动词，给人刚愎自用的感觉，带有浓烈的贬义色彩）。所以，秦始皇进取的心态和姿态都已经随着"天下已定"后而消失了，这才是所谓的"废先王之道"。所以，所谓秦国历代统治者的"先王之道"应当是指秦历代统治者积极进取的雄心，即开头所说的"席卷天下、包举宇内、囊括四海、并吞八荒"的恢宏之志和向外不断拓展领土的策略，而不是"施仁义之道"。可以说，秦始皇"废先王之道"，而"仁义不施之道"犹存。

作为政治家的贾谊，他知道攻天下和守天下应采取不同的策略，攻天下可以"仁义不施"，但守天下必须"施仁义"。他写《过秦论》一文，恐怕强调的还是"攻守之势异也"吧？

（作者系上海市金山区教育学院高中语文教研员）

07. 一次课前演讲改变了一堂课的进程

——《寡人之于国也》教学札记

这个星期，高一演讲的话题是"传统节日热背后的冷思考"。今天演讲的是一个平时不太讲话的学生。她声音不大，但认真倾听后发现十分精彩，内容处处闪现着思想的光芒。加之主持人生动的阐释，全班同学集体进入了一种深度思考状态。而这，正是今天的教学内容所需要的听课状态。意识到这一点后，我果断地调整了先前设想的提出问题、分析问题、解决问题的教学思路。

于是，便有了这样的导入：

刚才，两个同学用深刻的思考表达出一份关注与忧虑，也发出了呼吁：要重视传统节日内涵，回归文化传统。为什么要回归呢？因为传统文化里包含着一种"道"（板书：道），这种道就是"孔孟之道"。过去人们对孔孟之道有不少误解。其实，孔孟之道最主要的就是治国理政之道。今天，我们就跟随着传承、发展儒家文化的孟子一起去揭开孔孟之道的真正面纱。（板书：寡人之于国也）

师：请问怎么理解文中的题目呢？

生："寡人"就是我；题目即我对于国家的作用。

师：这里的"我"是一般意义的我吗？

生："我"是特指皇上。

师：是皇上吗？皇上是什么时候出现的？最先的皇帝是谁？

生：秦始皇；皇上在秦朝才出现；这里的"我"是国君。

师：按照大家的这种认识，本文的题目是不是可以理解成国君对国家的作用呢？具体是哪方面的？

生：治国理政。

师：因此，准确地说这个题目即国君（我）是怎么治国理政的，也就是治国理政采取了哪些措施？

课堂进行到这里时，学生顺便进了文本。我设置了这堂课的第一个问题：请同学们快速找出文中关于梁惠王治国理政的措施以及孟子的主张。很快，学生便梳理出如下内容（板书）：

梁惠王：移民、移粟。

孟子：不违农时

数罟不入洿池

斧斤以时入山林

五亩之宅，树之以桑

鸡豚狗彘之畜，无失其时

百亩之田，勿夺其时

谨庠序之教，申之以孝悌之义

这时，我自然而然提出了课堂的第二个问题：这两种措施的效果一样吗？同学们能否在文中找出依据？

通过梳理，板书变成了这样：

人物	措施	效果
梁惠王：	移民、移粟	邻国之民不加少，寡人之民不加多
孟子：	不违农时	谷不可胜食也
	数罟不入洿池	鱼鳖不可胜食也
	斧斤以时入	山林材木不可胜用也
	五亩之宅，树之以桑	五十者可以衣帛矣
	鸡豚狗彘之畜，无失其时	七十者可以食肉矣
	百亩之田，勿夺其时	数口之家，可以无饥矣
	谨庠序之教，申之以孝悌之义	颁白者不负戴于道路矣

当学生梳理上述内容后，自然思考到了另一个问题：为什么梁惠王和孟子的主张会产生如此的效果？这时学生在课堂上才开始深度进入文本。学生们知道，"邻国之民不加少，寡人之民不加多"，这是梁惠王"移民、移粟"

的显性效果;"七十者衣帛食肉,黎民不饥不寒,然而不王者,未之有也""斯天下之民至焉"是孟子主张产生的显性效果。思考、探讨梁惠王措施、孟子主张带来的隐性效果,自然就应该是课堂的重要内容。我便做了这样的牵引:他们的措施和主张还会产生什么效果?梁惠王的措施和孟子的主张效果为什么不同?

学生们经过思考后,很快便有了精彩的展示:

梁惠王移民、移粟的背后是"百姓的颠沛流离""还有民生凋敝""百姓怨怒""天下混乱"。而这些梁惠王并未察觉,因而有了"民不加多"的困惑与苦恼。

孟子主张的背后是"百姓丰衣足食""懂得礼义廉耻""百姓满意""社会安乐康泰"。而这正是施"王道"带来的美好图景,也是孟子心里的理想世界。

课堂由此进入对"王道"的理解。这时顺便介绍了孟子的仁政主张。孟子说,"民为重,社稷次之,君为轻"。学生们开始明白这里的"以民为本"就是王道的体现,也是孟子仁政主张的体现。

但这时,一个学生提问:孟子这里的主张是一种建议,是假设,为什么梁惠王信了呢?

课堂陷入了短暂沉思。我就问大家:同学们能否在文中找出依据?

马上就有同学找出了一句:"'七十者衣帛食肉,黎民不饥不寒,然而不王者,未之有也',这一句是历史依据;历史上是有过的,作为熟知历史的国君应该是明白的。"

又有同学说:"我觉得还有一个心理原因,梁惠王迫切地想获得更多的百姓";"那我就要问了,梁惠王为什么要争取百姓呢?"

这的确是一个好问题。我暗喜。要回答好这个问题,恐怕要回到孟子生活的那个时代。记得复旦大学附中的特级教师黄荣华老师说过,"古诗文的教学关键是要关注原点的落实,关注经典元素的构成、求证与复现、复活"。因此,要尽可能的还原古诗文产生的历史情景,回到现实历史的现场中去。想到这一点,我便提醒学生细读文中的注释11。课堂便有了这样的精彩:

"大家知道,孟子生活在战国中后期。那时,群雄并起、争霸不断,各诸侯国或者为了争霸或者不被灭掉,都争相扩展疆土、争夺民众,梁惠王也是这样的。也就是说,梁惠王移民移粟不是为民,而是为自己。遇到凶年移民移粟,表面上是为了百姓,实际上只会给百姓带来灾难,根本不是以民为本。"一学生道。

"那么,大家是否可以从文中找出证据呢?"我插道。

"'孟子对曰:王好战,请以战喻',说明梁惠王好战事。虽然战国时期各国相互的攻打兼并,是普遍现实。但是一个'好'字,表明梁惠王尤甚,热衷战争的梁惠王只会给民众带来灾难与痛苦。"

这的确是梁惠王"不以民为本"的证据,也是梁惠王"民不加多"的原因。文中还有没有其他证据呢?

"我觉得,最后一段孟子列举的现实也是证据。虽不能断定是梁惠王治理的魏国的情景,但魏国同时也肯定存在类似的情况。上层贵族的奢侈浪费,黎民百姓的饥寒交迫,肯定也是事实。作为统治者的梁惠王,应该有不可推卸的责任。这样的状态实际上是暴政的体现。"

至此,学生们对文本内容有了基本的把握,为后面分析孟子说理技巧打下了坚实的基础。

【点评】

也谈教学的境界和艺术

程浩平

高中语文教学,囿于高考的重压,教学改革可谓是举步维艰。在文言文教学中,教学则突出表现为"重言轻文",甚至"重言无文"。长此以往,高中文言文教学沦落为纯粹的技术,毫无教学艺术可言,以致我们的老师的课堂教学也老气横秋,缺乏生气和活力,与艺术有了区别,少了联系。

但是,读了张敏老师的这篇讲课札记,我感慨良多:一名高中语文老师把文言文上到这种程度,确实让人惊叹。也许这就是我们经常所说的教学的境界和艺术。

清代大学问家王国维在《人间词话》一书中说："词以境界为上，有境界自成高格。"套用一下他的话，来说我们教师教书的境界，我们可以这样认为："一个老师教书要以境界为上，有境界才是真正的老师。"可以说，张敏老师是真正的有境界、讲艺术的高中语文老师。

张敏老师这节课让我对教师的境界有了更具体而真切的认识。简单说，教师的境界就是有眼光、远名利、真教书。张老师教书有境界从他的这节课完全可以看出来的。

从上课开始学生演讲的话题"传统节日热背后的冷思考"来看，张老师教学有眼光，有大胸怀，平时就在做有境界的事情，从大的方面说，这是在落实立德树人的教育目标；从小的实际的方面说，这是在培养学生的素质和能力，而不是为了升学，这就没有受多少名利的干扰。张老师整节课的内容，紧紧围绕传统文化之"道"启发诱导学生，收到了良好的效果。这是难能可贵的。在现实生活中，高中语文教学的现状不容乐观。我们不少人打着高考的旗号，不思进取，不思改革。于是，文言文教学过分强化文言之"言"，极其忽视文言之"文"，文言的文学性，特别是文言中蕴含的丰厚的文化要素，几乎消失殆尽，荡然无存。不少教师不仅这样做，还为自己这样做提供足够的证据，并美其名曰"为了高考，为了孩子的未来"。而这样的文言文教学也成了低级、无趣、无味的低品位的教学，教师自己的教学长此以往自然也会变得低级、无趣、无味，毫无境界可言，长期这样教书的教师，只能是跪着教书，创新、创造与他们的教学没有丝毫的关系，根本谈不上专业发展和个人成长。

读了张敏老师这节课的札记，我觉得张老师的教学艺术有这么三个方面的显著特点。

因境生法，激发兴趣

"兵无常势，水无常形。"教学的最高境界是不拘常规，能够根据学情和教情随时调整自己的教学策略和教学方法。这节课张老师在认真倾听了学生关于"传统节日热背后的冷思考"话题的课前演讲后，觉得演讲内容"处处闪现着思想的光芒。加之主持人生动的阐释,全班同学集体进入了一种深度思考状态。而这,正是今天的教学内容所需要的听课状态"。于是,他根据情境,果断调整了原来的讲课策略。这显然是教师高超的教学智慧和教学能力的充分体现,利于激发学生的学习兴趣,提升学生的思维能力。

梳理巧妙,浑然天成

好的教学,说到底,我认为,就是教学思路清楚明白,教学重点突出。张老师的这节课就有这个突出的特点。这节课先明确"孔孟之道"中的"道",讲清楚孔孟之道最主要的就是治国理政之道,然后巧妙地设置了以下三个问题:一是请同学们快速找出文中关于梁惠王治国理政的措施以及孟子的主张是什么?二是这两种措施的效果一样吗?三是问学生为什么梁惠王和孟子的主张会产生如此的效果?在教学中,张老师充分发挥学生的主动性,师生互动和谐,效果非常好。这样的教学思路很是清楚、自然,有妙手偶得的妙处,简直就是浑然天成。

激疑启思,提升能力

教学的艺术是激发学生思考的艺术,一个教学艺术水平高的老师,绝对是一位善于激发学生思考的老师,不仅让学生回答一些浅近的问题,更让学生进行深度的有价值的思考。

这节课前面学生与老师进行了一些看似很随意的交流,主要针对"道"的内容以及梁惠王治国理政的措施和孟子的主张,甚至第二个问题"这两种措施的效果一样吗",也停留在比较浅近的层次上。这是很有意义的铺垫。因此,在学生梳理以上内容后,教师水到渠成地提出第三个问题——"为什么梁惠王和孟子的主张会产生如此的效果",这样,学生的思考进入了深度思考的阶段。深度思考是教学的高潮,也是我们教师期待的结果。这里,老师也不是纯粹的导演和听众,在紧要关头也要做做演员,给学生适当的点拨,这正是教师教学艺术的高超之处。

教学是艺术,教学的艺术首先要有境界,有境界才会有艺术。要成为真正的好老师,必须有境界,在有境界之后才会有高妙的艺术。当然,不管是教学的境界还是教学的艺术，都需要教师扎扎实实去学习，去修炼。要知道，教学是一辈子的事情，需要我们勤于读书学习，善于反思实践，敢于超越自己。

读完张敏老师的这篇教学札记，我还深为张老师坚持撰写教学随笔所感动，一个老师要有境界，关键要突破自己，这种写札记的方法就在潜移默化地在反思自己、超越自己，这是我们每一个有追求的老师应该学习的地方。教学从反思开始，反思从撰写反思开始！让我们从我做起，从现在做起，认真做好教学反思，切实进行教学实践，努力做一个有境界和讲艺术的真正的教育者！

(作者系陕西省特级教师、陕西省教学名师，正高级教师，岐山高级中学语文教师）

第三辑

因品悟而抵达

08. 依托学情　突破难点

——《荷塘月色》教学札记

《荷塘月色》是经典名篇。不少老师在教学时主要集中赏析月下荷塘、塘上月色、荷塘四周这三段，旨在引领学生感受一方美景，借鉴写景技巧，接受美的情感熏陶，由此"进入一种审美境界"。但如果教者仅仅停留在体会作者描写的美景上，那就大大折损了文本的教学价值，也忽略了体现编者意图的教材价值。编者说："这些散文名篇，凭借精巧独特的艺术构思，优美隽永的语言，对大地山川、风物美景做了生动细致的描绘，表达了作者对自然、人生的丰富感受和深刻思考。"这就表明，引领学生领悟作者对人生的丰富感受和深刻思考，无疑也是《荷塘月色》这篇散文重要的教学内容。可以说从某种程度上讲，文中写景只是媒介，抒情才是朱自清表达的目的。因此，分析文中作者的情感无疑是教学的重点，也是难点。

高一学生在充分预备的基础上，加之教师适当的点拨引导，是可以分析本文写景妙处的。但对文中作者流露出的情感，他们只有零碎的感受；对作者表达感情的特点、对文中景与情的关系、对文章第七段为什么写采莲的事情，并不能完全明白。基于此，我在教授《荷塘月色》时把教学内容确定为三个部分：探讨本文抒发的情感、赏析本文写景技巧、探究文中情与景的关系。这三部分内容中，第一、三部分既是教学的重点，也是难点。

如何来探讨作者抒发的感情以及文中情与景的关系呢？布鲁克斯说："文学批评就是针对作品本身的描写和评价，至于作者的真正意图，我们只能以作品为依据。只有在作品中实现了的意图，才是作者的真正意图，至于作者对创作的设想以及他事后的回忆，都不能作为依据。"因此，从文本出发，通过感悟与品味文章的语言无疑是真正理解作品、走进作者心灵世界的不二法门。当然，任何文本的教学，要使之有效，都离不开教学对象对文本的原初理解，即必须从学情出发来选择教什么和怎么教。基于此，上课伊始，便有了如下的师生对话。

师：同学们，读过这篇散文吗？

众生：（大声地说）读过。

师：那好。在文中，你们看到了一个怎样的朱自清呢？

生1：我看到了一个烦躁的朱自清。开头说，"这几天心里颇不宁静"，"颇"字说明不宁静得很；后又写"今晚在院子里乘凉"，跨度从白天到晚上，说明他周遭充斥着燥热。内心本来颇不宁静，身边又涌动着热气，可见内心是烦躁的。

师：能从语言的缝隙里挖掘人物心理信息，很不错。

生2：我看到了一个寂寞的朱自清。文中第二段说，"这是一条幽静的路，白天也少人走，夜晚更加寂寞"，"没有月光的晚上，这路是阴森森的，有些怕人"。这样一条路，别人都不走，"阴森森的"，他却走，这说明此时朱自清内心是寂寞的。

师：似乎有些道理，还能从其他地方找一找吗？

生2：文章开头说，"这几天心里颇不宁静"，接着就写"妻在屋里拍着闰儿，迷迷糊糊地哼着眠歌"。我"心里颇不宁静"，可是连妻都不在意，更加说明我内心寂寞。

师：分析得不错，文中还有一处写妻子。

生3：在文章结尾。我看到了一个苦闷的朱自清。作者"心里颇不宁静"，可是连妻子都不关心。如果说"迷迷糊糊地哼着眠歌"是一个母亲要关照儿子，冷落了丈夫似乎情有可原。可是当丈夫回来时，"妻已熟睡很久了"。说明夫妻间精神交流少。"可惜我们现在早已无福消受了"，一个"早已"可见作者内心苦闷不堪。这看似是闲笔，可能是作者有意为之。

师：能从闲笔中分析人物心理，好。我有一个疑问：作者写妻有何用意？

生3：是实写，又是有意为之。衬托自己内心的苦闷。

师：应该有这样的意味，我们后面再探讨。

生4：我看到了一个充满幻想与失望的朱自清。作者说"忽然想起日日走过的荷塘，在这满月的光里，总该另有一番样子吧。""总该"说明他是带着期待的，是有过幻想的。文章第三段也说，"这一片天地好像是我的；我也像超出了平常的自己，到了另一世界里"，这也说明这里的世界似乎与我原先的世界不是同一个世界，这表明朱自清先生对"另一世界"充满期待。这一段的末尾还说"我且受用这无边的荷香月色好了"。

师：分析得很有道理。又该怎样来看待他的失望呢？

生4：第六段作者说，"但热闹是他们的，我什么也没有"，这里的"我什么也没有"，表明作者又是失望的。朱自清回忆采莲的事后，慨叹"这真是有趣的事，可惜我们现在早已无福消受了"。这里的"可惜、现在、早已、无福消受"这几个词更加表明自己内心的失望，特别是想起采莲的美好光景与当下的状态，更加对比凸显现在的失望与难受。

师：善于抓住文中描写心理感受的句子，来揣摩领悟作者内心的情绪，很好。大家能否梳理一下作者的心绪，作者心情随着景物转换产生了怎样的变化？

众生：心里颇不宁静——寻找宁静——获得片刻的宁静——失望——又回到不宁静。

通过这样的师生对话，我了解了学生对文本的理解程度，包括学生学习起点、学习状态、学习结果，梳理出了《荷塘月色》的教学思路（即抓住"这几天心里颇不宁静"来梳理作者情感变化、探讨"颇不宁静"的原因、思考"想起采莲的事情"在表达作者情感上的作用）。互动后学生心中可能会产生这样的疑问：为什么"这几天心里颇不宁静"？为什么寻找到片刻的宁静后作者又归于不宁静？课堂教学目标就变成了学生探讨的内在需求，学生学习的内驱力由此激发出来，探究未知的兴趣就成了推动课堂进行下去的最大动力。不过，这时候教师的引导至关重要。

师：作者沿着荷塘走了一趟，似乎又回到了原点。不过，我们多少也能窥得见作者的内心世界，也会引发大家的思考。

生5：老师，作者为什么"这几天心里颇不宁静"呢？

师：这真的是个好问题。我们先来看看下面一张PPT，能否找一找朱自清先生身上的标签？（投影：朱自清简介）

朱自清（1898年11月22日—1948年8月12日），原名自华，号秋实，后改名自清。原籍浙江绍兴，出生于江苏省东海县（今连云港市东海县平明镇）。现代杰出的散文家、诗人、学者、民主战士。

1916年中学毕业并成功考入北京大学预科。1919年开始发表诗歌。1928年第一本散文集《背影》出版。1932年7月，任清华大学中国文学系教授、主任。1934年，出版《欧游杂记》和《伦敦杂记》。1935年，出版散文集《你我》。

1948年8月12日因胃穿孔病逝于北平，年仅50岁。

生5：我找到的是"清华大学教授"这个标签。作为高知，他觉得可贵的是自由。有了自由的、无拘束的社会环境，才有创造的欲望与激情。可能是社会不自由，所以他"这几天心里颇不宁静"。

师：能站在人物职业身份的角度来思考文本，真的不错。

生6：我找到的是"民主战士"这个标签。作者可能是追求民主不得而"颇不宁静"。

生7："民主战士"这个标签是朱自清晚年才获得的。1948年毛泽东主席高度赞扬朱自清"一身重病，宁可饿死，不领美国的'救济粮'""表现了我们民族的英雄气概"。应该不能算作理由。

生6：我还是觉得可以。人物性格不是一天形成的，应该是一个动态发展的过程。晚年朱自清以死抗议国民党独裁是其追求民主的突出表现，但是这种"民主"的胚胎应该在其青年时代就已经发芽。

师：能通过动态思考人物性格发展来解读文本，很好。

生8：我找到的是"改名"这个标签。他把自华改为自清，是为勉励自己在困境中不丧志、保持清白。说明其在困境中有过挣扎与努力。

生10：我找到的是"散文家、诗人"这个标签。朱自清先生是散文家，他写散文肯定水平高。而散文多是用来抒发比较含蓄的情感，这里"这几天心里颇不宁静"应该藏着些什么。而诗人总有些理想主义情怀，现实总能激起其特殊思考与挣扎。

师：同学们谈的一些看法都有些道理。可是大家只是关注"心里颇不宁静"，而忽视了一个词——"这几天"，请问"这几天"是什么时候？

生11：这篇课文结尾有一个落款：1927年7月，北京清华园。"这几天"应该是这一年7月一段时间。

师：你读书仔细。请大家再看一段文字。（投影本文写作背景）

《荷塘月色》写于1927年7月。此时，正值"四一二"运动蒋介石背叛革命之时。曾参加过"五四"运动的爱国知识分子朱自清，面对这一黑暗现实，他悲愤、不满而又陷入对现实无法理解的苦闷与彷徨之中。怀着这种孤独苦闷的心情，朱自清先生写下了《荷塘月色》这篇文章。

生12：老师，我明白了。崇尚自由民主的朱自清在时代剧变的时候肯定有挣扎与痛苦，看不清前进的方向，不知道自己将要作何种抉择。因此他"这几天心里颇不宁静"。

生13："这几天心里颇不宁静"仅仅是政治因素吗？

师：这是一个好问题，有谁说说？

生14：前面老师留下一个疑问：作者写妻子有何用意？作者"这几天心里颇不宁静"其实也应该有家庭因素。

师：朱自清当时的家庭情况大家可能不太了解，我这里补充一下。

朱自清19岁时与武钟谦结婚，"婚后夫妻关系甚笃"，接着朱自清继续北上求学，获北京大学文学学士学位。文中的妻就是武钟谦。朱德发教授曾用"清新洗练""委婉细腻""朴实凝练"来描述朱自清先生的散文语言风格。作为语言大师，《荷塘月色》中有关妻的两句绝不是一般的笔墨，而应该有一些特殊的意味。同学们能否说说这些"特殊的意味"？

生15：从老师介绍的情况看，作者是19岁结婚，婚后就到北京上大学了。那时正是五四新文化运动时期，作者思想肯定受到较大冲击。而旧式女子又没受多少教育，他们夫妻二人在思想上差距愈来愈大。一般的旧式女子只是知道操持家务、抚养孩子，她们不会理解作为大知识分子的丈夫的想法。因此，文中的妻子"迷迷糊糊地哼着眠歌""已睡熟好久了"的宁静，也正好反衬出先生的"颇不宁静"。生活在同一片屋檐下的妻子都不理解，可见作者内心的孤独。

师：善于结合文化背景来分析人物情感，很好。

生16：文中开头有一句话"我悄悄地披上大衫，带上门出去"，结尾有一句话"轻轻地推门进去"。表明虽然妻子不能够理解我的孤独与苦闷,但是我依然关心妻儿,依然承担家庭的责任。

师:你善于从细节中发掘人物精神品质。实际上作者正是带着这种责任出发,去寻找一方"荷塘",也就是朱自清先生所说的另一世界。

至此,学生对朱自清先生"这几天心里颇不宁静"的原因有了基本的了解,教学进入一种"互联"状态,课堂也自然进入赏析写景阶段。赏析写景的内容虽是教学的重点,但是难点在于如何理解文中景情的关系,尤其是第七段与第四、五、六段的关系。因此,聚焦文本中的景情关系,学生对文本的理解将会进入一个新的层次。怎么有效引导学生去思考这些问题呢?在学生赏析完写景后我抛出了一个问题:第四、五、六段与第七段都可看作写景,请大家思考有什么不一样?这个问题一下子激活了课堂。

生17:老师,我发现第七段开头说"忽然想起采莲的事情来了",说明这里是虚写。第四、五、六三段虽有虚景,但总体上是实景。

生18:从总体上看,前面写景是静态的,这里是动态的。前面四、五、六段写景是冷色调,这里是暖色调。这里是热闹的,充满生命气息,前面是静谧的,虽然美,但少了点人气。

生19:一个是清华园里的景,一个是家乡里的景;一个是现在的景,一个是儿时的记忆。

师:三个同学从不同的角度分析了它们的不同。这些不同的景色给作者怎样的感受?

众生:第六段作者说:"热闹是他们的,我什么也没有。"第七段作者说:"这真是有趣的事,可惜我们现在早已无福消受了。"

师:大家发现这两处有什么不一样?大家有哪些思考?

生20:一个是我,一个是我们。由作者个体的感受拓展到群体的感受。"可惜我们现在早已无福消受了"说明那样一种失望迷茫是普遍的。

生21:这里的"我们"是谁呢?

师:有没有同学解决这个问题?

生21:我觉得"我"是清华教授,我们应该是像我一样的高级知识分子。我们对当前感到失望、迷茫。

生22：我们为什么对当前感到失望、迷茫？

生21：还是我来说吧。前面讲过，这一时期，中国社会发生激变，人们普遍对中国社会发展感到迷茫，所以作者"这几天心里颇不宁静"。作为高级知识分子，他们肯定关心自己与社会的前途与命运。因此，这种失望、迷茫源于他们对国家的一种责任与担当。

课上到这里，学生通过细读，已经走到文本的深处，对朱自清的心路历程有了比较透彻的理解。教材的难点也基本上得到了符合学生认知水平的处理。奥苏贝尔说："假如我把全部教育心理学归结为一条原理的话，那么，我一言以蔽之曰：影响学习的唯一最重要的因素就是学生已经知道了什么，要探明这一点，并应据此进行教学。"因此，"基于学情来安排教学是现代教学的一个基本特征"。我们教师在教一篇课文时，一定要弄清什么内容学生已经懂了；什么内容学生不懂，但可以通过读教材弄懂；什么内容学生读教材也搞不懂，但通过师生合作学习可以弄懂；什么内容教师必须讲授的，教师不讲学生不知道；什么内容老师讲了学生也不懂。这样，课堂教学才能有的放矢、精练高效，才能真正实现有效教学目标、促进学生精神生长。

（原载《中学语文论坛》（七彩语文）2018年第2期）

【点评】

让阅读教学真实发生

肖培东

张老师教《荷塘月色》，我是很期待的，因为这篇写景抒情的经典散文实在难教。《荷塘月色》不好教，原因大致有二：一是散文景物描绘的美难以传递，一是散文主题解读众说纷纭。

作为脍炙人口的散文名篇，其景物描绘精雕细刻，细腻传神，尤其对荷塘和月色的景致进行详细描写的第四、五自然段，笔法多姿，画面感极强，充分体现了作者散文"工笔画"的特点。朱自清先生用他高超的写作技巧，多角度地为读者展示了荷塘月色无可比拟的美，清新、自然、典雅的散文语言，比喻、拟人、通感等修辞方法的巧妙运用，作者笔下的"荷塘月色"形象生动，让读者有身临其境之感。荷塘月色的美可意会却难以言说，课堂教学控制不好就会冲淡甚至撕裂这种美，只变成修辞方法的粗劣教学。语言的美一旦被教坏，散文意境、思想、感情等方面的美就支离破碎，不复存在。

《荷塘月色》既有精美细腻的写景，又有需要让人琢磨的情感流露。用张敏老师的话来说，"可以说从某种程度上讲，文中写景只是媒介，抒情才是朱自清表达的目的"。《荷塘月色》从问世至今，许多学者对其进行了深入的探讨，主要集中在对作品主题的分析和采用"知人论世"法对作品产生的时代背景进行阐释。许多名师大家也都专门就作者"颇不宁静"作过多种角度、多种层次的心灵探微和精神分析，因此对散文的主题进行了不同方式的解读，意犹未尽又难有定论。如何更好地让学生把握作者的写作意图，这也是中学语文教师教学此课的一大困惑。

怎么去解决？张敏老师基于学情来安排教学，用具有高阶思维价值的问题引领学生深度思考，以学生为主体，让学习真正发生。

一、依托学情，确定教学内容

"作者的一篇'作品'，一旦作为教学材料或资源，编入教材，进入课堂，成为老师和学生一起教与学的一个特殊的'文本'——即'课文'，其实质已经发生了变化。它不再是'文本'自身，而是被置于课堂、教师、学生、目标、环境等具体的教学情境之中的一个教学材料。"（荣维东语）《荷塘月色》进入高中语文教材，我们就要考虑它的教学内容，也就是要教什么和该教什么。"教什么"最见教师功力。朱自清先生用生花妙笔给我们留下的这一经典名篇，有许多地方值得师生品鉴，如写景的方法、情景交融的意境、修辞的妙用、选词炼字以及主人公内心情感、文章主题等。张敏老师把教学内容确定为这样三个部分：探讨本文抒发的情感、赏析本文写景技巧、探究文中情与景的关系。其中第一、三部分既是教学的重点，也是难点。教学内容的确定是很符合散文教学的特征和策略的。按照王荣生教授的说法，散文阅读教学，要建立学生与"这一篇"课文的链接，散文阅读和教学，始终都在"这一篇"散文里。张敏老师三部分的教学内容，执其神、感其形并悟其言，都是紧紧扣住"这一篇"独特的"景"与"情"，析"景"探"情"，缘"景"溯"情"，最后"识人"。印象极深的是张敏老师对散文教学悟情的追求。蔡清富在《〈朱自清散文选集〉序言》中说："作者以饱蘸着感情浆液的彩笔，情景交融地抒写了他特定时期的心情。"教学就必须把握散文阅读的支点，抓住"情"与"我"，从而引领学生领悟作者对人生的丰富感受和深刻思考，而不是仅仅停留在体会作者描写的美景上。

《荷塘月色》教学内容的确立，体现着张老师的学识与睿智，体现着他的语文教学情怀和语文生命气象。为什么这样说呢？我们很清晰地看到，除了文本特质和单元目标，确立教学内容的一个最重要因素是学生。"高一学生在充分预备的基础上，加之教师适当的点拨引导，是可以分析本文写景妙处的。但对文中作者流露出的情感，他们只有零碎的感受；对作者表达感情的特点、对文中景与情的关系、对文章第七段为什么写采莲的事情，并不能完全明白。"尽管特别想看到张老师点拨、指导学生阅读学习《荷塘月色》的写景妙处，学习他是如何让学生直观去把握课文中的"美"点，引领学生走进"月色下的荷塘""荷塘上的月色"的（因为写景的诸多妙处在很多课上往往是被直接、生硬地点出，"析"容易"赏"难），但是张敏老师基于学情而做出的教学内容安排是有道理的。高中学生具备一定的审美鉴赏能力，能够从作者的客观描述中寻找景致的美，那么，通过语言表层看到作者的情感和思想，体认作者在散文中所传达的独特经验，这才是他们阅读、理解全文的关键。孙绍振先生说过："在语文课上重复一望而知的东西，我从中学时代对之就十分厌恶。从那时我就立志，有朝一日，我当语文老师一定要讲出学生感觉到又说不出来，或者以为是一望而知，其实是一无所知的东西来。"在有限的教学时间内，安排最大价值化的、最合理、最准确的教学内容，体现出教师对语文教学的准确理解和实践，对学生阅读学习的切实尊重。依据学情，做出取舍，制订出具有较大包容性、层次性和弹性的教学内容目标，这样学生才能真正与文本对话，与文本背后的作者对话，才能够更深刻地理解到作者那夜的"颇不宁静"。

二、依托学情，推进课堂教学

　　学生是学习活动的主体，是主动的发现者、探索者，是主体得以确立的内在依据。制订教学计划和教学目标，要充分考虑学生的能力和需求。具体到课堂教学实践，同样需要根据学生的认知水平、能力水平和认识规律，去科学地设计课堂教学活动，最大限度地调动学生的积极性、主动性，想方设法地使求知成为学生自觉的追求，从而主动参与到语文课堂学习中去。从学生学习的角度讲，散文教学的目标，是通过体味散文精准的言语表达，体认、分享作者丰富、细腻、独特的人生感受，提升阅读散文的知识和能力。而要达成这一目标，阅读教学中就必须从学生的人生经验和阅读体验出发，不能忽视学生对作者所抒发的感受的体认。语文课程标准明确规定："阅读教学是学生、教师、文本之间的对话过程。""阅读教学是学生、教师、教材编者、文本之间的多重对话，是思想碰撞和心灵交流的动态过程。"张敏老师《荷塘月色》教学过程中的几个镜头，在发挥学生阅读主体性方面很值得我们回味和借鉴。

　　教学的导入，张老师就询问学生"看到了一个怎样的朱自清"，这个问题的本身就很开放，有思辨性和创新性，引导学生能从不同的理解角度发表自己观点。学生有说"烦躁的朱自清"，有说"寂寞的朱自清"，有说"苦闷的朱自清"，有说"充满幻想与失望的朱自清"，且都能依据文本做出深浅不一的解释。这样，不仅学生的逻辑思维、语言表达等综合能力得到了提升，语文学习的核心素养得到了有效培养，而且有助于教师了解学生对文本的理解程度，顺势而变，梳理出《荷塘月色》的教学思路，使得散文教学直奔作者的情感而去。作者为什么"这几天心里颇不宁静"呢？这个问题的提出者是学生，探究者、解决者还是学生。学生的困惑成了课堂教学的拐点，学生主动阅读和探究又成了教学的推进器。学习的过程，是一个以积极的心态调动原有的知识、经验，尝试解决新问题，同化或顺应新知识的积极的建构过程，这个过程必须靠学生自己来完成。张老师不急于解释，只是给出了朱自清先生的简介，让学生自行寻找作者身上的标签，其实已暗扣"知人论世"法，将作者的身份、经历或作者所处的时代、社会环境等适时地让学生在感知中学习，尝试着去解读朱自清先生那夜的"颇不宁静"，把阅读引入文本深处。"教"必重"导"，而"导"又必须"问"。课堂很自然地进入赏析写景阶段，张老师又抛出了这样一个问题：第四、五、六段与第七段都可看作写景，有什么不一样？学源于思，思源于疑。用问题激发学生的思维，用问题推进教学进程，高阶问题助推思维发生，比较阅读引导思维深入，使得学生对文本的理解更加深入。纵观整堂课的教学过程，张老师非常重视深度思维的培养，学生完全是阅读学习的主体，他们经历着真实的学习过程，实现由内向外的自然生长，这些都和张老师依托学情、基于学生去实践语文课堂教学的理念密不可分。

当然，我也想提出一点个人看法，以供张老师参考。一个怎样的朱自清？学生的各种理解，仅仅就是为了帮助老师了解学生对文本的理解程度？"烦躁""寂寞""苦闷"以及"充满幻想与失望"等非常有质量的回答，如何真切地化为文本主题探究的抓手？后半部分的教学如何回应学生说出的这些关键词？还有，用作者身上的标签来引导解释"颇不宁静"，学生缺乏深入文本的思维，会不会落入印证式阅读或标签式解读的窠臼，使得文本意蕴狭隘化，求深得凿、牵强附会？是否应该先让学生进入文本去揣摩去体悟？其实，朱自清先生是极力主张咬文嚼字、透彻了解的细读式文本解读教学观的。他强调，"找出那创新的或变古、独特的东西，去体会，去领悟"，"不止要了解大意，还要领会那话中的话、字里行间的话，也就是言外之意"，"得仔细吟味，这就更需要咬文嚼字的工夫"。阅读教学是一个走进文本的过程，其基础是对文本语言、形象、思维、意蕴的分析，所以，文本的解读，还是首先要从文本内部结构中分析。这里更应该结合课堂伊始学生对朱自清先生的多种理解，再次引导学生更深入地研究文本，更准确地表达自己的观点。有老师谈及文本解读时说："直面文本的同时，以关系折射为辅佐，这样的阅读，培养的才是学生尊重文本、寻求理解、具体分析、实事求是的精神习性。"我以为然。

（作者系浙江语文特级教师，正高级教师，永嘉县教师发展中心语文教师）

09. 这并非闲笔

——《过小孤山大孤山》教学札记

《过小孤山大孤山》是选修教材《中国古代诗歌散文欣赏》第四单元的第一篇课文。编者把它作为"赏析示例"呈现在学生面前。因为这篇文章中的"小孤山"是我县一名胜,学生们对这篇课文尤其感兴趣,课堂也生动有趣不少。

第四单元的主题是"创造形象　诗文有别"。因而在教学上,我虽把它定位为游记,但仍极力鼓励学生在文中充分挖掘陆游的爱国形象。本课在教学设计上安排为两个课时。第一课时,引导学生按照游记的文体,抓住游踪来理清本文的写作内容并扫清读文障碍。第二课时着力引导学生结合过去学习过的陆游的诗歌,探讨文中展现的爱国诗人形象。

第一节课上,在分析了全文写景及技巧后,有一学生提出一个极有价值的问题:全文既然是一篇游记,那么怎么理解文中大量的叙事性文字?当学生提出这样一个问题时,我立刻意识到这是一个很好的提问,正好成为第二课时的突破口。我在表扬了提问的学生后,鼓励大家谈自己的看法。他们讨论激烈并援引余秋雨《文化苦旅》中游记文写作情况。有的说文中的记叙议论可增加文章的韵味,有的说在写景中利用这些表达方式可使写景更形象更生动。总之大家都充分调动了自己独特的人生体验,讨论虽轻鸢剪掠,学生想说又似乎道不明说不透。我很满足他们的这种状态。在临近下课时一李姓学生突然大叫:我看文中诸如"晚抵江州,州治德化县,即唐之浔阳县,柴桑、栗里,皆其地也"只不过是作者随意而写之文字,可算是闲笔。这又是一段"恰到好处"之"宏议"。我暗喜,适时结束了第一节课:这是闲笔吗?本文能否仅仅看作一篇游记,作者写本文的目的是什么?请同学们课后思考,可以上网查阅相关资料。下一节课我们一起探讨。

第二堂课伊始，我便让大家找出文中叙事的语句。这一找还真不少，我把部分文字投影在黑板上：

南朝自武昌至京口，列置烽燧，此山当是其一也。

小孤属舒州宿松县，有戍兵。

绍兴初，张魏公自湖湘还，尝加营葺，有碑载其事。

晚抵江州，治德化县。即唐浔阳县，柴桑、栗里，皆其地也；南唐为奉化军节度，今为定江军。

随后我说这些都可看作文中叙事之文字，大家看看是否是李同学说的"闲笔"？是否是作者随意而为？

生1：究竟是不是闲笔，我觉得要从思想与情感入手。朱光潜先生不是说过调整文字就是调整思想与感情吗？

师：这样思考很好，方向正。你善于运用所学知识来分析解决问题，很好。那同学们就沿着生1所指的大道前进吧！（同学们大笑）

生2：我觉得生1说的还不够具体，单就陆游《过小孤山大孤山》来说，我们还应该分析本文的写作背景，因为这是作者思想与情感的起点。

师：那么你能否进一步说说本文的写作背景呢？

生2：课文注释里有记载：陆游主张抗金，恢复中原，后被罢官。至宋孝宗乾道五年，起用为夔州通判。第二年，他从故乡山阴出发至十月二十七日抵达寓所。途经小孤山、大孤山，写下了这篇日记。

生3：从过去我们所学过的许多陆游的诗歌来看，他是个爱国诗人，而且有过多年的军旅生涯。上述所写叙事文字中多有军事印记，如"列置烽燧""有戍兵""尝加营葺""奉化军节度"。实际上，陆游不是以一个游客身份，而是一个军人的眼光来观照身边的景物。

师：你善于从文字中去窥探作者的心里，又为我们提供了一个审视的视角。谢谢你。

生4：作者离开前线多年，直到46岁被起用任夔州通判，长期的闲置让这位爱国诗人对眼中的自然山水明显多了一层爱意。我认为在他眼中，这不仅是自然的山水，更是祖国壮丽的河山。

师：同学们因文入情、因情入心，可以说正一步步走进陆游的内心世界，下面请细读陆游年谱中的相关文字（投影如下）：

闰五月十八日离山阴赴夔州通判任。六月二十五日，在镇江神庙中遇义军战士王秀，记其感叹之言。二十八日与范成大遇于金山，时成大奉使赴金。行至当涂，以诗吊李白，途中曾函候曾逢。舟抵江州游庐山。至武昌，遇诗人章甫，别后有诗寄之。在荆州，赋诗吊屈原。经巴东登秋风亭拜寇准像。入瞿塘，登白帝庙。十二月二十七日到夔州。知府事为济南王伯庠。凡旅途经见，均排日记录，成《入蜀记》六卷。

师：本段文字选自陆游的《入蜀记》。读完这些文字，大家有什么感受？

生5：本段文字写了陆游入蜀路途所经之地、所见之人。

师：你的概括能力较强，一下子就抓住了要点。那么能否列到一下作者到过哪些地方？见过哪些人？

生5：镇江神庙见义军战士王秀，金山见赴金使者范成大，当涂凭吊李白、函侯曾逢，武昌遇诗人章甫，荆州吊屈原，巴东秋风亭拜寇准，入翟唐登白帝庙，拜见知府王伯庠。

师：大家看看陆游所见的这些人物有什么特点。

生6：作者所见之人有这几类，一是见抗金有关的，如义军战士王秀，赴金使者范成大；二是会见、问候、凭吊诸位诗人，如会见章甫、函侯曾逢、吊屈原和李白；三是凭吊历史人物寇准以及登白帝庙怀念历史；四是礼节性拜访王伯庠。这些人物中除第二类外，多与家国有关，寄寓了作者的家国情怀。

生7：我觉得凭吊屈原也是其国家情怀的体现，因为屈原也是一位爱国诗人。

师：我们点赞两位同学的鉴赏能力，能在众多历史人物中快速找出其共同点。那么如何看待陆游在《入蜀记》这一段文字中写到其会见、问候、凭吊诸多诗人呢？

生8：我觉得这是其诗人本色的体现，陆游作为一个诗人见一见朋友，拜一拜敬仰的诗人也是可以理解的，但是从他所见之人看，陆游更多的是见一些抗金人物或是凭吊爱国的历史人物，可以说，即使是在路途，陆游也无心展现其诗人形象,更多的是以一个关心国家安危的战士形象展现在广大读者面前。

师:大家再来看看这段文字中记载了哪些地点?这些地点有何共同点?

生9:这些地点是镇江、金山、当涂、武昌、荆州、巴东、瞿唐。

生10:这些地点分布在长江沿岸,是当时南宋抗金前线。

生11:这些文字看似是叙事,其实寄托着作者深沉的忧国情思,从年谱看作者一路行程,所见之人,所叙之事,无不沉浸在国事中。因此,这里叙事是表,抒情才是里。

师:年谱和本文中作者都写到了叙事,大家看看两处叙事有什么共同点?

生11:从内容看,这两处叙事都涉及历史人物、地理、军事战争。

生11:从思想上看,这两处叙事都展现了陆游的家国情怀和忧国情思。

师:那么文中的叙事是闲笔吗?

众生:不是,这是作者的匠心之笔。

至此,学生渐入佳境。下面的讨论分析便热闹不已。

"陆游生活的时代是宋南渡之后,北方大片土地被金兵侵占。金朝统治者一直窥机南侵,无奈长江成天险。因此长江成为南宋重要防线。宋金之间的几次战争就发生在长江上。故陆游便写到南朝自武昌至京口,列置峰燧,此山当是其一也。'小孤属舒州宿松县,有戍兵。'原因在于小孤山地形险要,是兵家必争之地。想必这一江防沿线应驻扎了南宋军队。"快嘴的L同学似乎是随陆游一同溯江而上。

"史料表明,就在陆游远赴重庆之际,宋金之间的隆兴合议已订有七年。但两国间大小战事从未间断,金人一直窥机南侵,陆游溯流而上,遇义军、晤使臣(范成大赴金)、望烽火,时刻感受到宋金临战气氛。所叙之事不难窥见作者心中之忧思。"熟读史书、擅长分析的小D同学言之有据,析之有道。

说罢,李姓同学又道,"绍兴初,张魏公自湖湘还,尝加营葺,有碑载其事",从注释看,张魏公是南宋抗金名将张浚。宋孝宗隆兴初年,作者参加了张浚主持的北伐工作,后因战争失利失势。张浚被免职归京后又督江淮。陆游效力于帐下,曾有恢复中原之宏愿。张浚死后,陆游曾作诗悼之:张公遂如此,海内共悲辛。逆势犹遗种,皇天夺老臣。深知万言策,不愧九原人。

风雨津亭暮，辞君泪满襟。当陆游在小孤山看到当年故人修葺之祠庙破败不堪之时，睹迹思人，肯定是唏嘘不已。

同学们如此精彩的分析，大出我意料，想不到大家真的是带着思考、带着寻找来学习。于是我又补充了《入蜀记》中有关州郡沿革的文字，并指出地理沿革与江山兴废有密切联系。本文中作者特意点明"晚抵江州，治德化县。即唐浔阳县，柴桑、栗里，皆其地也；南唐为奉化军节度，今为定江军"。其实，这里有作者独特的考量。北宋当初灭掉南唐，正是从浔阳、当涂一带突破江防攻入金陵。作者正是提醒朝廷：定江军之防务一定要认真对待，切不可重蹈覆辙。作者不仅是写景更是从军事的视角来考证地理。后来，解放军也是"从西起九江（即浔阳）东至江阴"，突破国民党军之长江天险攻下南京。可见陆游军事家的战略眼光，以及对朝廷国家的一片忠心。

课堂进行到这里，我有理由总结：作为一位爱国的诗人，陆游即便是在路途，即便是写景，心中片刻也不曾忘掉使命，忘掉国家；即使是被罢官，也毫无怨言；即使是远赴蜀地，也永怀家国情思。可以说真的是一片真情显细末，一颗忠心鉴日月。

(原载《中学语文教学参考》（上旬）2016年第8期)

【点评】

散文教学"散"与"闲"

吴 忌

一、语文选修教学：面对"赏析示例"重新生成"教师文本"

《过小孤山大孤山》是陆游《入蜀记》里的名篇，向为中学语文教学之传统选文。张敏老师这次执教的该文，教材系列为语文选修之《中国古代诗歌散文欣赏》；课文位置，在"诗歌之部"后的"散文之部"，为第四单元；单元话题,"创造形象 诗文有别";课文属性,"赏析示例"。课后,张敏老师写作了教学札记《这并非闲笔》,主要针对学生第一课时的追问,"全文既然是一篇游记,那么怎么理解文中大量的叙事性文字?"执教者专此应急处置,及时调整第二课时预设,重新规划了专题讨论。

本课作为《中国古代诗歌散文欣赏》"散文之部"的第一课,如何执教,有轻视者让学生自读,一带而过;有重视者自己主讲,面面俱到;张敏老师不这样,依托编者的赏析示例,仔细规划了个性化的"教师文本",引发学生思考,课堂效果很不一般。

语文教学,选修不同于必修;选修课本设计的"赏析示例"与"自主赏析"等课文教学原则一应不同。我们容易犯难的问题是,编者写的单元"赏析示例",可理解为针对学生的书面教学,而学生通过自读"赏析示例",等于被编者教过一遍了,老师现场能否"生成"新的教学文本,使学生获取更多新知呢?

张敏老师这篇课后札记,主要陈述的就是自己课堂的"应变"与"生成"经验。这里的教学不是老套路,也不是简单化地对学生的提问"一言以蔽之";而是严肃对待,将问题"深化""泛化""系统化",结构为第二课时的"专题教学",使全班学生获得专题探讨的机会。此可谓用心良苦。

在课堂上随机处置学生"超出教师预设的提问",一向是检验教师基本功的重要衡器。张敏老师的札记《这并非闲笔》,向我们坦陈了其应变与生成的全部细节,这是一个值得借鉴的文本。

二、尊重学生提问:选修课堂应灵活处置"预设"与"变更"

语文教学的复杂性在于,上课面对的文本并不是一个简单的文本,而是多个文本;或者说,我们要明确这一文本的多重性。依据是课文在教材里的位置以及编者意图。

文本首先是作者文本。《过小孤山大孤山》是南宋诗人陆游的游记文集《入蜀记》里的日记。写作本文,陆游有陆游的目的。

其次是编者文本。编者为什么将本课选为"赏析示例"并附录阅读指导文章,醉翁之意,既在酒,又不在酒。编者的目的,通过阅读"赏析示例"

即可理解该文本；又直接指导学生获得阅读以后散文文本的知识和经验；同时，也给执教者规定教学后文的"套路"。可谓一石三鸟。

再次才是教师文本。当然，面对同一文本，一千个观众就会有一千个哈姆雷特，个体生命体验必然会附加于其中，这也就是我们平时实验"同课异构"的依据。而我们各自遇见怎样的语文老师，各有缘分。

但这三个文本或者文本的这三重性都将指向最后的文本，学生文本。我们教学的主体只能是学生，培养目标是学生，教与学的主题也是学生的感悟、获得以及发展。

从张敏老师的札记可见，张敏老师首先是悟透了陆游的文本，也明确了教材意图，更展示了自己的教学个性，尤其是充分尊重了学生的个性表达。真是难能可贵。

最让人激赏的，是在第一课时下课之际，老师还能听取学生的"疑问"，且在课后及时变更第二课时的教学预设。我们以为这才是懂得尊重的教育，这才是科学的教育，也是有针对性、有用且有情怀的教育。如此尊重学生的提问，值得提倡。

三、教法对称：散文文本的"散"与"闲"问题

散文文本多以"散"为特色，如何执教，以对称散文创作"形散而神不散"的原则，对老师而言，是个挑战。有时候知易行难，往往有无所从"散"，乱"散"，"散"而不切，"散"而不能收的情况发生。张敏老师却有散有聚，有张有弛，很好地解决了这个难题。最为独到的是，在第一课时的教学中，启发学生发现了陆游文本里的"闲"，文有闲笔，情有闲寓，隐隐约约感受到了文本的意味深长。张敏老师的课堂，收放自如，对文本的发掘，开阔而深邃。

陆游这篇《过小孤山大孤山》并非一篇纯粹描写山川景物的文字，其在写景叙事之间，多有自己的联系与联想，对于此地彼地的相关人文历史多有涉猎。我们初读，陆游入蜀的行程并不怎么紧急。但是，这里就有个"语言表达的显性与隐性"话题——如果纯粹记录"入蜀"行踪，摹写沿途山川景物，那就不是陆游写作《入蜀记》的初衷了，字里行间这些独特的人文地理，

使得所走过的山川作为军事前线以及与陆游心中的抗金战略，隐约之间，不专言而自喻。此间爱国之志，深切感人。诸多"闲笔"，其实不闲。对本文，如果读不到这一层，陆游的入蜀，其行走的方式也就大为可疑。张敏老师对文本"叙事性文句"的归类解读，引导学生"集中发掘"出陆游的家国情怀与使命担当，让学生从中感受陆游的理想抱负。如此课堂，实在高效而高妙。

散文写作与解读之难，难在如何处理其叙述的"散"与"闲"的问题。依据闲与散的有无，我们可直接区分出一般应用文或实用性记叙文与文学性散文。有此"散"与"闲"的，才是文学性散文；没有的，则是朴实的公文。而写得出这"散"与"闲"的，那就是个好作家；写不出，则是恭恭敬敬的公务员吧。教学与写作一理相通，能够结构合理地鉴赏出散文文本的"散"与"闲"，说得清文章章法技巧、作家性情、主题寄寓，使学生得其文采，怡情养性，那才叫好课。

我们熟知的文本，比如朱自清的《荷塘月色》，在描写之外，不仅大发议论，更多文献引述；比如郁达夫的《故都之秋》，非得旁逸出"秋士悲秋"的大段议论；比如王安石写《游褒禅山记》，后半截则完全脱离"记"的文体，不记而议。这些经典，可都是散文大师"散"出来的，"闲"出来的神韵啊。当然，我们也有同行并不热衷教学这些"散"着的文字，或者自己本来也就并不能很透彻地理解，这就与真正的艺术散文有隔阂了。张敏老师执教的《过小孤山大孤山》就深得其中三昧，我深以为然。

（作者系安徽省特级教师，正高级教师，宿松二中语文教师）

10. 赏字析句　质疑问难

——《师说》教学札记

《师说》是人教版必修3第三单元里的一篇课文。编者在单元提示中提醒学生注意文章的论证逻辑，鼓励学生质疑问难，提高分析问题的说理能力。我想这样的课程目标在教学环节中应该予以落实。为此，在第二课时的教学中，我便有意启发学生思考文章论证的逻辑严密性问题。

师：说理严密是议论性文章的内在要求。不过有人曾说，"虽然韩愈是文章学大家，但是《师说》在说理逻辑上也不是没有商榷之处"。同学们觉得这句话说得有道理没有？

生：有。我觉得韩愈既然强调从师学习重要，怎么能瞧不起不耻相师的巫医乐师百工之人呢。

师：愿闻其详。

生：文中作者说的"今其智乃反不能及，其可怪也欤！"这一句值得商榷。这句话是说，今天士大夫的智力竟然比不上百工之人，这可是奇怪的啊！韩愈心里瞧不起这些人，认为这些人应该比不上士大夫。而且他用的几个语气词，"乃""其""欤"，我不能接受。

师：说说它们触怒了你的哪根神经。（众生大笑）

生："乃"是"竟然"的意思，还有转折的意味，说明"士大夫的智力比不上百工之人"出乎作者意料。"其"是表示感叹的语气副词，有不可置信的意味。"欤"也是表示强烈的感叹，有惊讶之态。他看到不耻相师的百工之人超过士大夫，面露如此神情与语气，是不应该的，违背了他自己的说理逻辑，因为不耻相师的百工之人超过士大夫恰恰证明从师学习的重要。明显没有阶级感情嘛！

师：你善于抓住句中的虚词来分析，从而指出作者说理逻辑上的矛盾，很好。清代刘淇在《助字辨略序》中说："实字其体骨，虚字其性情也。"古汉语中虚词是用来表示文章的性情的，实际上背后是人的情感与心理。但是他们之间有没有阶级感情呢？

生：他们本来就不是一个阶级，韩愈是官，百工之人是百姓。我倒觉得刚才那位同学理解的"智"不对。这里的"智"字不能简单说是智力，而应该是见识和智慧。百工之人处于社会的底层，他们读书少是事实，智力发展不一定比得上士大夫；但是，他们走南闯北、见多识广，又相互学习，其见识比耻学于师的士大夫广些，也完全有可能。韩愈大可不必如此惊讶，因为一个人的见识、智慧与他的经历有关。

师：好，给他掌声。（学生鼓掌）

生：实际上，百工之人中有许多能工巧匠，如鲁班。诸多精美的建筑与美轮美奂的工艺品都展示了百工之人的智慧。这是士大夫不可比的。况且，我们今天也提倡工匠精神，全社会都在培养大国工匠。

师：你能既联系历史传说又关注社会现实，分析得也有道理，这很好。但是大家讨论问题不能脱离语境。高明的读者善于在文本中窥见漏洞。

生：我觉得韩愈的这个看法与后面他表述的观点矛盾。

师：看来你是个高明的读者。（众生大笑）

生：既然韩愈懂得"术业有专攻"的道理，就不应该认为百工之人比不上士大夫。百工之人实际上就是在某方面有专门学问的人，在某些方面的见识和智慧超过士大夫是完全可能的。韩愈为什么还要"其可怪也欤！"呢？

师：这样分析，就能找到作者说理的漏洞。如此，作者便对指出论证说理的逻辑错误有"断其一指"的功效。

生：我觉得文章还有值得商榷的地方。诸如，"小学而大遗，吾未见其明也"，我觉得值得商榷。

师：愿闻其详。

生：这里的"小学"是指小的方面，具体是指童子学"书"与学"句读"。这里的"书"是写字（书法）或者识字，"句读"是指文辞休止和停顿。写字（书法）或者识字是小孩的基本功。我们都知道，这样的童子功对谁都很重要。怎么是"小学"呢？再如古代的书籍大多没有标点。要真正读懂古书，最基本的就是要学会断句，即要会句读。这样，才能真正明白古人的智慧。即使是今天，一句话断句不一样意思也有千里之别。

生：实际上，学"书"与学"句读"是童子的基本功，也是"彼童子之师"应该教学的内容。童子从这些方面学起，遵循了孩子学习的基本规律，符合老师您平常讲的"最近发展区理论"。

师：连我讲的也派上用场了。（众生笑）实际上，这样安排教学内容更加契合童子的"学力"发展水平。对教师而言，也就是选择了恰当的教学起点。这样的安排足见匠心，的确并非"小学"。可见，只要我们善于质疑问难，连韩愈这样的大家的文章同学们都能发现其说理漏洞。你们写作可要注意哦，不能让人家这样批评哟。

（原载《语文学习》2017年第7期"镜头"栏目）

【点评】

批判性阅读教学要把握好"五个度"

邹天顺

启发学生思维，提高学生的辨别能力，引导学生树立质疑精神是学校教育的一项重要任务，因而启发学生的批判性阅读思维是我们语文教师不可推卸的职责。近年来，批判性阅读成了语文课堂教学中的热词。在阅读教学中，不少语文老师们都十分重视启发学生的批判性思维。我认为，相对于人云亦云的知识传播教学而言，这种批判性阅读是语文教学中的重要变革。

教师是批判性阅读的引导者、先行者、同行者。那么，教师如何当好引路者呢？一般而言，教师要为学生搭建支架，指引方向，提供方法。由于阅读是感知与接受，更是分析、论证与建构，我们需要将阅读过程思维化，进行批判性阅读。在理性的、反思性的阅读过程中，教师要为学生提供思考的动力、路径与方法。因此，如何在阅读教学中培养学生的批判性思维成为一线语文老师的一个重要议题，也是语文教师面临的一大挑战。很多一线语文老师在这方面迈出了很大的步伐，作了大胆的尝试，也取得了不俗的成绩。

在读了张敏老师的《赏字析句　质疑问难——〈师说〉教学札记》之后，我发现张敏老师的批判性阅读教学已经操练得颇具特色了。

关于批判性阅读教学，我始终认为需要把握好"五个度"，才能更好地在有限的课堂里实现有效的思维启发，提高学生的鉴赏能力。

一、厚度

所谓批判性阅读教学中的厚度，是指质疑者提出的批判性问题的质量，尤其指批判性质疑问题所指向的多维性和影响度。这种厚度是立体的，是质疑者对文本质疑的思维广度和密度，它可以集中质疑某个问题，也可以发散质疑多个问题，但所有的问题必须具有一定的严密性、逻辑性和挑战性。所以，这种思想性和影响度决定了批判性阅读教学的有效价值。因为肤浅的质疑问题是没有价值的，相反，它只能表现出问题者鉴赏能力和质疑能力的低下。作为教师，引导学生进行批判性思维和开展批判性阅读，问题的厚度是思维和质疑的最重要的因素。它最能体现出教师指导学生文本阅读的深浅和提出问题的质量。

张敏老师在引导学生阅读《师说》时，就非常注意问题的厚度。他循循诱导，步步深入，使问题的厚度逐渐拓宽，立体感不断增强。

首先，张老师对学生发问："说理严密是议论性文章的内在要求。不过有人曾说：虽然韩愈是文章学大家，但是《师说》在说理逻辑上也不是没有商榷之处。同学们觉得这句话说的有道理没有？"

张老师这种看似清水出芙蓉般的问题引导，实则颇具诱惑力，它能够引发学生回味文本、思考问题，然后很自然地提出质疑问难。

当学生回答"有。我觉得韩愈既然强调从师学习重要，怎么能瞧不起不耻相师的巫医乐师百工之人呢"之时，张老师进一步引导说"愿闻其详"，以引起下文，拓展问题的厚度。接着，张敏老师又依托以下几个问题引发学生们不断深入地思考：

说说它们触怒了你的哪根神经。（众生大笑）

你善于抓住句中的虚词来分析，从而指出作者说理逻辑上的矛盾，很好。清代刘淇在《助字辨略序》中说："实字其体骨，虚字其性情也。"古汉语中虚词是用来表示文章的性情的，背后是人的情感与心理。但是他们之间有没有阶级感情呢？

你能既连联系历史传说又关注社会现实，分析得也有道理。但是，大家讨论问题不能脱离语境。高明的读者善于窥见文本的漏洞。

这样分析，就能找到作者说理的漏洞。如此，便对指出作者论证说理的逻辑错误有"断其一指"的功效。

这些疑问和鼓励性的提问激发了学生敢于发难和善于提出问题、分析问题及说明理由的勇气。于是，学生思维的空间拓宽了，批判性质疑的厚度增强了。

也许有人会问，如何才能有效地提高批判性问题的厚度呢？张敏老师的这种方法当然就是其中妙招。如果要概而言之，那就是：教师在教学时要重视从三个方面来操作，即任务驱动，情境设计，思维阅读。前二者是教师的行为，"思维阅读"是学生的行为。任务驱动是主导，没有任务的驱动，学生很可能找不到思维的方向。情境设计可以帮助学生们营造思维的环境，提高思维的有效性。当然，一旦有了任务驱动和情境设计，学生的阅读思维就会被调动起来。课堂上学生思维一旦被激活，批判性问题的出现就有了可能。

二、深度

所谓批判性阅读教学中的深度，是指批判性问题的深刻性和思想性。深度性批判所要求的思维活动往往是活跃的，积极的，多维的，有效的。在批判性阅读教学中，要挖掘出问题的深度，老师的引导与善问十分重要。在启发学生思考文章论证的逻辑严密性问题方面，张老师在善导之余尤其善问。

生："乃"是"竟然"的意思，还有转折的意味，说明"士大夫的智力比不上百工之人"出乎作者意料。"其"是表示感叹的语气副词，有不可置信的意味。"欤"也是表示强烈的感叹，有惊讶之态。韩愈看到不耻相师的百工之人超过士大夫，面露如此神情与语气，是不应该的。这违背了他自己的说理逻辑，因为不耻相师的百工之人超过士大夫恰恰证明从师学习的重要。明显没有阶级感情嘛！

师：你善于抓住句中的虚词来分析，从而指出作者说理逻辑上的矛盾，很好。清代刘淇在《助字辨略序》中说："实字其体骨，虚字其性情也。"古汉语中虚词是用来表示文章的性情的，背后是人的情感与心理。但是，他们之间有没有阶级感情呢？

生：他们本来就不是一个阶级，韩愈是官，百工之人是百姓。我倒觉得刚才那位同学理解的"智"不对。这里的"智"字不能简单说是智力，而应该是见识和智慧。百工之人处于社会的底层，他们读书少是事实，智力发展不一定比得上士大夫；但是，他们走南闯北、见多识广，又相互学习，其见识比耻学于师的士大夫广些，也完全有可能。韩愈大可不必如此惊讶，因为一个人的见识、智慧与他的经历有关。

在学生回答了"'乃'是'竟然'的意思，还有转折的意味，说明'士大夫的智力比不上百工之人'出乎作者意料。""'其'是表示感叹的语气副词，有不可置信的意味。""'欤'也是表示强烈的感叹，有惊讶之态"之时，张老师穷追不舍，进一步提出"但是他们之间有没有阶级感情呢？"由此挖掘了问题的深度，让学生的思维不断向纵深拓展。

三、高度

所谓批判性阅读教学中的高度，是指批判性阅读中批判性问题的站位。站得高才能看得远，批判者自身的学养决定批判性问题的质量，批判者的学养越高深，其提出的批判性问题就越有思想性和实用价值。如何提升《师说》一文批判性思维的高度呢？张敏老师处理如下——

生：实际上，百工之人中有许多能工巧匠（如鲁班）。诸多精美的建筑与美轮美奂的工艺品都展示了百工之人的智慧。这是士大夫不可比的。况且，我们今天也提倡工匠精神，全社会都在培养大国工匠。

师：你能既联系历史传说又关注社会现实，分析得也有道理。但是，大家讨论问题不能脱离语境。高明的读者善于在文本中窥见漏洞。

生：我觉得韩愈的这个看法与后面他表述的观点矛盾。

师：看来你是个高明的读者。（众生大笑）

生：既然韩愈懂得"术业有专攻"的道理，就不应该认为百工之人比不上士大夫。百工之人实际上就是在某方面有专门学问的人，他们在某些方面的见识和智慧超过士大夫是完全可能的。韩愈为什么还要"其可怪也欤！"呢？

师：这样的分析，就能找到作者说理的漏洞。如此，便对指出作者论证说理的逻辑错误有"断其一指"的功效。

从这些对话中可以看出，在张老师的循循诱导之下，学生的批判性思维已经提升了高度。从严密的逻辑中引向有高度的疑问，的确有"断其一指"的功效。

要挖掘文本背后的东西，需要细读文本，而且是批判性地、理性地、反思性地阅读文本。因此，老师要引导学生在与文本对话中碰撞出批判性思维的火花，让文字"活"起来，读出文本背后的结构、逻辑与精髓。至此，方可达到阅读的至高境界。

同时，张老师在引导学生将问题引向高度时，对学生的问题给予了高度评价，"你能既联系历史传说又关注社会现实，分析得也有道理。但是，大家讨论问题不能脱离语境。高明的读者善于在文本中窥见漏洞。"这里抓住了两点，一是在对文本进行批判性思维时可以联系历史传说和关注社会现实，二是告诉学生务必要结合文本，不能脱离语境。做到了这两点，批判性阅读才具有现实意义。

四、长度

所谓批判性阅读教学中的长度，是指批判性问题在一节课中所占用的时间，也指一节课中批评性问题的数量。一篇课文中的批判性内容务必要适中，否则就把文本阅读课、分析课上成了质疑课、批判课了。我们从"为此，在第二课时的教学中，我便有意启发学生思考文章论证的逻辑严密性问题"一句可以看出，张敏老师是从第二课时开始引导学生进行批判性思维阅读的，并非把整个《师说》课上成了质疑性的批判性阅读课。而是根据需要，尤其根据文本的内容来确定是否进行批判性阅读，以及批判性阅读教学内容占整篇课文教学时间的比例大小。

其实，在这个课时中，张敏主要引导学生讨论了两个问题，一是"说理严密是议论性文章的内在要求。不过有人曾说：虽然韩愈是文章学大家，但是《师说》在说理逻辑上也不是没有商榷之处。同学们觉得这句话说得有道理没有？"从而引导学生对"今其智乃反不能及，其可怪也欤"这一句讨论韩愈心里到底是否瞧不起这些"百工之人"。二是对韩愈说的"小学而大遗，吾未见其明也"进行质疑。讨论的问题的数量比较适中，其实也是抓住了文本的主要问题进行批判性阅读与研讨。

五、热度

所谓批判性阅读教学中的热度是指语文课堂教学中使用批判性阅读的数量。众所周知，阅读课不等于批判质疑课，如果将所有的阅读课都上成批判性问难课，肯定是不符合阅读教学初衷和教学实际的。即使是过热，也不符合教学要求；当然，太冷也不好。是否要上成批判性阅读课，文本内容起决定性的作用。也就是说，当文本内容中存在着某些逻辑性的问题时，老师才可以引导学生进行质疑问难，进行批判性阅读。

当然，作为批判性阅读教学的行家里手，张敏老师是会掌控好这个度的。

总之，张敏老师引导学生批判性阅读《师说》，把控得很好，尤其在五个度方面体现得较为完美。《赏字析句　质疑问难——〈师说〉教学札记》是一篇典型的批判性阅读教学课例。

（作者系广东省语文特级教师，广东省名师工作室主持人，清远一中语文教师）

11. 对话"君子"的背后

——《劝学》教学手札

在教授《劝学》的时候,有一个学生提出了一个疑问:文中的君子是一个什么样的人?不少同学叫喊,不就是有道德有修养的人吗?可我知道这是一个很笼统的答案,有疑惑的这位同学或许就是为这个而问。在同学们的叫喊声中,我快速思考:要解决这个问题,必须唤醒学生的"前理解",让学生运用自己的知识储备去领悟一个全新的文本。想到这一点,我便轻轻地说:"既然他问了这个问题,那就说明他觉得这样的解释不足以令人信服;大家能否描述一下这里的'君子'到底有什么具体的特征呢?"

顿时,课堂安静下来。我便趁机引导大家回忆过去学习过的古代有关君子的诗句,并提醒他们概括提炼出诗句中的君子形象。

"君子一言,驷马难追。"这是讲信用的君子。

"窈窕淑女,君子好逑。"这是追求美的君子。

"君子爱财,取之有道。"这是有底线的君子。

"子之交淡如水。"这是君子交友的方法。

"天行健,君子以自强不息;地势坤,君子以厚德载物。"这是君子为人处世之道。

"君子周而不比,小人比而不周。"这是说君子坚守原则。

"君子和而不同,小人同而不和。"这是说君子有主见、辩证地看问题。

"君子喻于义,小人喻于利。"这是说君子以义为准则。

"君子成人之美,不成人之恶,小人反是。"这是说君子懂得欣赏别人。

"君子坦荡荡,小人常戚戚。"这是说君子有胸怀、有格局。

"君子固穷。"体现君子坚守志向有操守。

......

经过这样的探讨,同学们心中君子的形象逐渐清晰起来。大家便发现:君子其实是一种有理想人格的人。

但是,"理想人格"到底有哪些具体的维度呢?多数学生还是不清晰。

这时我便又引导学生:大家发现在黑板上写下的这些句子多数出自哪里,是谁说的?同学们很快说出《论语》《诗经》和孔子。

其实,荀子作为儒家思想的集大成者,他心中的"君子"同孔子笔下的"君子"大体是相同的。从这个意义上说,学生列举的上述言论可以对文中的"君子"作出"互文性诠释"。但是,能否教给学生一些衡量"君子"的标准呢?我马上又想到了孔子说的四个字——兴、观、群、怨。记得学者鲍鹏山曾对这四个字作过这样的理解:兴就是有情怀、有理想;观就是有判断力,能知是非善恶;群就是有群体意识、有责任担当;怨就是有独立思考能力。实际上,鲍鹏山这样的理解恰好可以成为学生思考"君子"的维度或者说是衡量"君子"的标准。原来,"君子"一词还关乎高中生核心素养。

此时,学生心中已经基本建立起"君子"的坐标,集体进入一种思考状态。相信通过这样的师生对话,学生生命与精神也应有所生长。课堂进行到这里,先前那个学生心中的疑问似乎可以得到解决。但我觉得,如果只是进行这样的对话,是很难把学生引到真正的远方的。这种只游离于文本之外的探讨,也不符合古诗文教学的原则。于是我又提出了这样的疑问:作为儒家思想的集大成者,荀子在这篇文章当中提到"君子"有什么样的目的呢?请同学们先看一看"君子"一词在文中出现了几次,分别在哪里?

很快学生便从书里找出来了。"君子"一词在全文中出现了三次:第一次是在开头,"君子曰:学不可以已";第二次是在第二段的结尾,"君子博学而日参醒乎己,则知明行无过矣";第三次是在第三段的结尾,"君子生非异也,善假于物也"。

"那么开头作者就用'君子曰'有怎样的意味呢?"

"这样说相当于我们今天引用名人的话,可以增强观点的说服力。"

"还可以强调说理的逻辑性。"

"不支持君子这样说的话,便不是君子。荀子说理让反对者无话可说,一旦反对就自我矮化成非君子。非君子的观点在一个信奉君子的时代里自然没有市场。"

经过这样的点拨交流，学生便明白荀子说理的严密性以及作为哲学家的智慧。一句"君子曰"，便让自己的观点无可挑剔，不容置疑。文章一开篇就有先声夺人之效，足见荀子说理技巧高超。

"文中后面两段当中写到君子，意图又在哪里？"

"文中后面两次写君子，都是在比喻论证之后，荀子是为了强调学习的意义和作用。荀子《劝学》就是告诉人们：学习可以改变自己、提高自己，不断修炼（学习）便可成为君子。"

当学生明白了荀子《劝学》的写作目的是鼓励人们通过学习成为君子的道理之后，我知道这场讨论的真正价值与意义实现了。其实，让每一个生命个体成为一个"真正的人"，这便是儒家"君子"的核心内涵，也是今天教育的真正旨归。这便是"学"之必然结果，也是"劝"之真正目的。古人的智慧与时代的要求便在这里交汇融合。

一堂课下来，我相信学生们经过这样的真正探讨，定会"发现陌生，发现世界，发现自我"（特级教师黄荣华语）。他们在心里必定会长出一棵树，一棵"根正苗红"的树。

（原载《语文学习》2017 年第 6 期"随笔"栏目）

【点评】

在常识处洞开幽微深邃的世界

段增勇

"我们的课堂我们的田野，我们的讲台我们的世界""从常识处洞开非常景观，在落实里涵养生命根脉"，关于课堂教学的这些主张和倡导，我在张敏老师《〈劝学〉教学手札》里找到了互为呼应的关联。课堂是田野，需要悉心耕耘；讲台是世界，需要开阔眼界。常识是司空见惯的，却也常常被遮蔽；落实需要实实在在去做，却常常在一些虚招里凌空虚蹈。课堂的非常景观，是细微处的深邃，是朴实中的繁华，是平平淡淡而又深含意蕴的滋滋味味。

"落地生根，生成生长"，这八个字的精髓，并不多见于我们的课堂，因为不炫彩，不能凸显所谓的亮点，不能让一种氛围渲染出作为师者的才思才情才艺，我们的课堂教学总是或多或少地忽略了这八个字的精髓要义。其实，亮点，未必就有光芒。亮而无光，耀眼而不入心，无从照亮人心，无从温暖人心，更别说浸润和滋养了。张敏老师的《〈劝学〉教学手札》所反映出的课堂情境，不仅有氛围，还有光亮，是一堂富有"润泽感"的课堂教学，在常识处洞开了幽微深邃的世界，让学生走进了人文勃郁的课堂世界，春风化雨，润泽于心。

一、以词语切入，融审美教育和文化润育于一体

"君子"一词，笼而统之理解，便是"有道德有修养的人"。在"君子人格"渐渐成为一个古典话语的如今时代，仅从这个角度理解和辨识，也只是一种静态知识的获取。如果浮掠过去，学生所掌握的也就是一个概念化的名字术语罢了。偏偏有学生发生疑问了："君子是一个什么样的人？"这是一个具体的疑问，需要有更为明确的表述，也就是想更为实在而形象感知和体认"君子"所富有的生动活泼的特征和特点，是对于"君子"的人格内涵和精神特质的一个深刻追问。如果从教学角度看，这也恰恰也是发生疑问的学生的一个"学习盲点"。而别的学生呢？看似明白了"君子"的概念化内容，也似乎是一个正确的见解。这个所谓的"正确见解"，实在也是一个更大的"盲点"，是一种接受状态的被动吸纳而已。对于"君子"的生动活泼甚至丰富深刻的内在意蕴还是一团迷雾，一点也不明确。真正能把一个名词术语讲授得风生水起而明明白白，并不是一件容易的事情，这取决于讲授者的文化含量和文化质感，同时也取决于讲授者在引领、导向或者点拨、启发上的循循善诱。结论的获得，是一件轻而易举的事情，而结论的探寻，以及结论的破解与求证，需要学习过程上的循序渐进或者循环往复。张老师把"善诱"和"渐进"以及"往复"都处理得很好，沿波讨源而顺理成章，水到渠成而曲径

通幽。

　　从《论语》和《诗经》中归并的十一个有关"君子"的描述或评议的句子，让学生对于"君子"有了更多实实在在的生动感受，既认识了君子的美德，也领会了君子的品格，更了解了君子为人处世的风尚，由此而知道了君子是"有理想人格的人"。这比之于君子是"有道德有修养的人"的理解，不仅更明确了，而且更在多维度状态里丰富感受了君子的诸种表现和为人风仪。诸如"讲信用""追求美""有底线""坚守原则""有主见""懂得欣赏""自强不息""厚德载物""有胸怀""有格局"等等。

　　这一教学环节，由问题引出而进行对话交流，围绕"君子"引导学生关注和思考，引发学生思辨和判断，表面上是对于一个词语的理解和辨识，实际上是对于"君子人格"的认识和评价。在人的生命精神以及人的自我修为上，把"君子人格"深植于学生的心灵世界。语文课堂的审美教育和文化润育，要基于言语的理解和分析，要从言语表达的内里去感知美的内涵和文化的养分。"君子"一词，本也是《论语》的一个重要词汇，就数据统计看，"君子"在《论语》中出现了一百零八次，与"君子"对应或反衬的"小人"出现了二十四次，而"君子"与"小人"对举，出现了十九次。孔子终其一生所追求的理想人格正是"君子人格"。张老师在此因学生的疑问引出了关于"君子"的辨识与思考，正是赓续了君子文化和君子品格的合理内核，适时，适量，适当，适应而生成，适切而深入，让学生在生命精神的审美教育和文化润育里，获得了精神力量，受到了人格感召。

二、取点串线，让思考的张力指向深度理解

　　"君子"作为切入点，把教学路径引向一个立体的思考空间；"理想人格"作为支撑点，把学生的思考带到深刻的思想领地。对"君子"笼统而含糊状态的接受性认知，经由多方面的体认和感受，让学生共识在"君子是一个有理想人格的人"。切入点和支撑点，既开辟了阅读理解的路径，也洞开了思考和思辨的空间，让学生顺势而进入君子"理想人格"的"具体维度"的分辨，也就是"衡量君子的标准"的分析和概括。

　　列举鲍鹏山关于"兴观群怨"的诠释，并把鲍鹏山的这个理解作为学生

思考"君子"的维度或者说是衡量"君子"的标准。也就是说，看一个人是不是一个君子，就看他是否有情怀、有理想，是否有判断力、能知是非善恶，是否有群体意识、有责任担当，是否有独立思考能力。

如此教学推进，不仅让学生知道"君子是一个什么样的人"，而且还让学生知道了"怎样去衡量和判断一个人是不是一个君子"，既知其然，更知其所以然。培养了学生整体认知能力，也培养了学生具体分辨和明确判断的能力，在思维能力的培养上，不只是停步于"知"，还向"悟"而迈进，让教学上的"点"迁延成"线"，走出了零碎散乱的局限，走向了归并整合的深度开掘。

张老师这样处理教学内容，是有学理依据的，既原生于教材，也贴近了教材，更是符合了高中教学"育人方式"的创新性探索。以《论语》为代表的儒家四书，是中华优秀传统文化的重要载体。自孔子创立儒家以来，儒家经典始终致力于理想人格的塑造。《论语·里仁》言："子曰：'君子喻于义，小人喻于利'。"君子重"义"，《论语》引导君子恪守君子之道，立君子之德。小人重"利"，我们也不要认为《论语》能使得小人真正地发自内心地践行君子之道。在"喻于利"的价值引导下，一些人反倒翻转为伪君子真小人之人格确定，何也？既然君子的"仁义"无法满足"利"的需求，那何不挂一个君子的声名，得一个真小人的风光？纵观千百年的历史发展，君子壮歌天地间，英名无不血染成，小人且乐樽前酒，秦淮梦回，浮生欢笑。真君子，真小人，同样保有"真"本色，都是较"真"的人。但"真"是什么呢？诚如梁漱溟先生所见，"真"便是拿自己有办法。儒家宗师孔子，在两千多年前，便极为生动地诠释了"真"的意涵。儒家经典《论语》之中，"克己复礼"是"真"；"仁者爱人"是"真"；"行其言，而后从之"是"真"。孔子之生命精神，千秋万代以来，甚或以后，依然是一种精神丰碑。正所谓，天地春色在《论语》，古今永恒是孔丘。作为一部经典，《论语》并不是政论或权谋之术，《论语》指向的是唤醒做人的精神，即塑造理想人格。古代理想人格的塑造，以今日之语，乃是立德树人之真精神，可以说，舍《论语》便也舍本逐本。《论语》的学问，就是做人的学问。

如此看，这一教学环节，让思考的张力指向深度理解，正是为了好好把握君子的"理想人格"，全面而深刻地认识君子，思考君子，学习君子，成为君子，也就是成为一个认真的人，实在的人，追求人格完善的人，做一个富有理想人格精神的人。

三、回归原点，聚焦文本而融会贯通

表面看，关于"君子是一个什么样的人"以及"衡量君子的标准"这些教学内容是旁枝逸出，有过度开发之嫌。事实上，张老师沿着儒家思想传承的脉络，把孔子的"君子"和荀子的"君子"进行了无缝链接，浑然天成了"君子"内涵的课内课外结合，课外的补充和延展，是为了更好理解文本内容，是为了能更深入开掘文本所富有的深刻内涵。

不论是怎样的广为牵连，甚或相互关联，而教学应当是结合文本，让具体的教学文本说话，让教学文本在课堂教学中发挥应有和必有的功能要义，这也才不至于本末倒置。这既是教学的基本态度和基本品格，也是教学执行力的方向和原则问题。张老师在基于学生问题逐一破解之后，关联了《劝学》这个教学文本里三处关于"君子"的语境内容，与学生一起探索求解。

文章开头，"君子曰：学不可以已"，引用君子观点，有先声夺人之效，同时也明确了君子之言的真理性和说服力，彰显了君子的人格高标，这也是引用论证的绝好范例。第二段结尾，"君子博学而日参省乎己，则知明行无过矣"，强调学习的意义和作用，广博学习，反求诸己，智慧明达，行无偏谬。第三段的结尾，"君子生非异也，善假于物也"，君子在学习上善于借鉴、注重学习方法的掌握。三处文字，紧扣学习，都以君子说道，既阐明了学习的态度，也阐明了学习的意义和作用，更强调了学习的方法，学生也因此明白了荀子《劝学》的写作目的是鼓励人们通过学习成为博学之人，成为通情达理的人，成为正道直行的人，成为真正意义上的君子。

张老师之所以在"君子"一词上大做文章，借此以组织教学内容，是因为张老师明白了一个道理，即"让每一个生命个体成为一个'真正的人'"，这便是儒家"君子"的核心内涵，也是今天教育的真正旨归；这便是"学"之必然结果，也是"劝"之真正目的。

教育要尊重常识，即是尊重受教育的人，关注受教育的人，对学生的生命负责，要依据于具体的教学内容进行适时适量和适当的生命化育。教育以

立人为本，立德树人，就是最根本的常识。教学要尊重常识，语文教学的常识就是基于言语教学而实现以文化人和以文育人的任务，基于问题而引发学生的思考，基于文本而引导学生进行言语学习和文化传承。如何培养学生成为能阅读、能思辨、能审美、有文化、有情趣、有教养的完整的人，这也更应该成为我们的常识和共识。

无论从哪个角度看，张老师这堂课，都在做这样的一些努力。

（作者系四川省教育科学研究院学术委员会副主任、高中语文教研员）

第四辑

在生成中突破

12. 紧扣重难点　动态显生成

——《别了，不列颠尼亚》教学札记

《别了，不列颠尼亚》是人教版必修1第四单元的第一篇文章。这个单元学习新闻和报告文学。新闻，作为一种文学样式，愈来愈受到当今信息社会人们的重视。教育部颁布的《2017年语文科考试大纲》在实用类文本阅读部分是这样表述的：了解新闻、传记、报告、科普文章的文体基本特征和主要表现手法。这一提法与2016年考纲相比较，把"新闻"提到了"传记"前面，排在了第一位。这一变化凸显了新闻这一实用类文本的社会价值与时代意义。因此，作为高中必修教材上的第一篇新闻，无疑承担着十分重要的价值功能。语文教学务必要遵循叶圣陶老先生的一个观点，"教材无非就是个例子"。在这一单元的教学中，语文教师应该通过《别了，不列颠尼亚》这个例子，带领学生来解剖新闻这只"麻雀"。细化高一学生对新闻相关知识（包括特点、结构、语言特色等）的了解与把握，通过准确解读文本、筛选整合信息、分析思想内容等途径，引领学生评价文本的社会功用，探讨文本反映的人生价值与时代精神。

《别了，不列颠尼亚》这篇新闻的特点，就在于它不是一般意义上的社会新闻作品，而是一件记叙了一个重要的历史事件的新闻作品。这篇新闻从"英国撤离香港"这一独特的视角来展示中华民族一种沉重的喜悦。本文的难点在于对作者表述这种沉重喜悦过程中掺杂的一种复杂情感的把握与拿捏。而要把握、拿捏这种复杂的情感，只能通过细读文本来实现。据此，我确定了这篇文章的教学重难点：一是掌握新闻这一文学样式的特点、结构要素；二是品读文本、分析本文语言特色、体悟复杂情感；三是分析本文的表现手法。第一节课，系统地介绍相关知识，结合学生已熟知的《人民日报》上的新闻稿件,带领大家认识新闻的特点、结构要素。第二节课就是细化和落实本文的教学重点与难点。

今天的这一节课是本文教学的第二课时。上课伊始,我便让同学们展示昨天布置的作业,目的是了解并检测学生对新闻文体知识的掌握以及对文本内容的了解,进而导入今天的课堂教学内容。

师:上一节课我们学习了新闻这种文体的基本知识,了解了新闻的结构要素。临近下课时,我布置了一道作业:按照新闻的结构要素梳理一下《别了,不列颠尼亚》这篇新闻的主要内容。有哪位同学先说一说?

生1:标题(《别了,不列颠尼亚》);导语(第1段);主体(第2~10段);结尾(第11段)。

师:概述得很好。我们先来看看新闻的主体是按照什么顺序来进行写作的?

生:时间顺序。

师:新闻的特征又是什么呢?

生:真实性,及时性。

师:新闻的真实性主要体现在新闻事实上。同学们能否按照时间的顺序梳理一下这篇新闻的主要事实。

(众生沉默,静读一分钟。)

师:有哪位同学主动地说一说?

生2:30日下午告别拉开序幕;4:30港督旗帜降落;4:40港督离开港督府;6:15举行告别仪式;7:45第二次降旗仪式;0:00中英交接仪式:降米字旗升五星红旗;0:40"不列颠尼亚"离港。

师:总结得非常好。那么同学们看一看,这篇新闻中,我们还有哪些段落没有关注呢?

生:第四段和第六段。

师:同学们想一想,这些段落属于新闻结构结构要素中的哪一种?

生:背景。

师:请一位同学概述一下,谁说一下呢?

生3:每一位港督离任都举行降旗仪式;叙写港督府;150多年的英国管

治即将告终；记叙 156 年前英国占领港岛。

老师：很好，我也把背景内容做了一下概括（投影展示）：

曾居住过 25 任港督的庭院；每一位港督离任都举行降旗仪式；插叙港督府；150 多年的英国管治即将告终；插叙 156 年前英国占领港岛，今天降下了米字旗；英国对香港长达一个半世纪的殖民统治宣告终结；从海上来，又从海上走。

大家看看我概述的同刚才生 3 概述的有什么不一样？

生：老师总结的更细致更准确。

师：是吧。读文就应该读得更加细致一些，细细地品读文字，我们才能漫溯到文本的更深处。同学们看一看，这篇新闻当中每次介绍完仪式之后，作者总要介绍一些新闻背景材料，这样做的好处是什么呢？

对于本文中的新闻事实，学生比较容易概述。难点在于对新闻背景材料的体悟与分析。因此，这一节课我便从此处直接切入。提出一个主问题：这篇新闻的主体部分还有哪些段落我们没有关注，作者在介绍每一个仪式后，为什么总要介绍一些背景材料？这样做的好处是什么？由此，进入对文本的难点（喜悦背后的沉重情感）以及重点（表现手法）的探讨。

这篇新闻作品记叙的是香港回归这一重大的历史事件，文中有着一种深沉的历史意蕴。教学的难点就在于要引导学生理解这种深沉的历史意蕴。教学中我从文字出发，带领学生回顾香港问题的历史，揣摩文中背景信息的呈现特点，进而体会一个中国人对香港回归这一重大的历史事件的别样心情。

师：香港是什么时候被英国占领的？大家可以联系一下历史知识。

（众生沉默）

师：文中有没有提示呢？

生：156 年前。那是鸦片战争后，大清战败，被迫割地求和。

生 4：因此，文中介绍背景知识，会让我们回忆起我国近代一段屈辱的历史。

师：大家发现这篇新闻介绍背景知识有什么特点？

生：介绍背景的信息比较分散。

师：这样做的好处是什么呢？

生4：会让我们时时忆起我国近代一幕幕惨痛的画面，一段段屈辱的历史。

师：我们想起这一段屈辱的历史时心情怎么样呢？

生5：比较压抑。

师：因此，香港回归的喜悦也是？

生：压抑的喜悦。

师：这种压抑的喜悦让人感觉怎么样？

生：非常沉重。

师：因此，这种压抑的沉重的喜悦，也可以说是？

生：沉重的喜悦。

师：是啊，在我们欢庆香港回归祖国的时候，我们一定会想起一段段屈辱的历史。近代以来我们屡遭列强的侵犯，这100余年来的近代史就是我们的屈辱史。

生7：想起这段屈辱史，香港回归的喜悦我们也只能暗藏心底。所以在这样一个重大的历史时刻，在气氛很庄重、严肃的外交场合，我们又不能过分地刺激英方。我们也带着不见张扬的喜悦与自豪。

师：生7说"我们又不能过分地刺激英方"，为什么不能刺激英方？哪位同学分析一下。

生8：这体现我们中华民族的心胸，我们尊重对手的胸怀。

师：是啊，这让我想起了我们校门口的两句话，大家还记得吗？

生：胸怀祖国，放眼世界。

师：是啊，这样也展示了我们中华民族的胸襟与气度，有容乃大嘛。

生8：还展示了我们泱泱中华的气度、风范，也是当代中华民族自信洒脱的体现。喜悦与自豪从文字中溢出，从另一个角度展示了当代中国人的自豪感。

这样一种沉重的喜悦如何来表达，这既是本文写作的特色，也是教学中向文本更深处漫溯的桥梁。我结合作者在文中所写的新闻事实，选取了四幅照片，带领学生站在英国人的角度体悟英国人在撤离香港时的心情，进而让学生认识到实写英国的失落、无奈，虚写中方的喜悦、自豪。

师：大家可以看一下这篇新闻所记叙的新闻事实。

生：（看了新闻事实后）是从写"英国撤离香港的仪式"这一角度来表现的。

师：好，我们先来看一看，一组记录"英国撤离香港的仪式"的照片。仔细看这幅照片，分析一下英国人当时的心情。

投影（第一个场景：下午4：30，末任港督彭定康告别港督府，降下港督旗帜。第一幅图片背景：彭定康同其女儿离开港督府是泪流满面）

同学们看一看这幅照片，体现出英国人什么样的情感？

生10：依依惜别！

师：是惜别吗？我们在徐志摩的《再别康桥》中感受到的是惜别。

（众生沉默）

师：课文中有什么提示没有？

生：面色凝重。

师：面色凝重体现出他们什么样的心情？

生：失落，不甘心。

师：这里是惜别吗？

生11：不是，是一种悲伤。他不曾想在自己任上把香港还归给中国。英国就这么衰落了。

师：是吧。一个殖民者的嘴脸就活画出来了。我们再来看看第二张照片。

投影（第二场景：6：15在添马舰军营东面广场举行象征着英国统治结束的告别仪式，降下英国国旗）你们在这幅图片当中看到了什么？

生12：痛苦，失落。

师：大家再来看看第三张照片。

投影（第三场景：子夜时分，中英香港交接仪式，米字旗在香港最后一次降落，五星红旗升起）

大家看看，这又是一种什么样的氛围？

生：庄重、严肃。

生13：这是一个庄重而神圣的时刻，这幅照片记载了香港回归中国这一伟大历史事件，也预示着沉重的历史内容。

师：大家最后来看看第四张照片。

投影（第四场景：7月1日0：40查尔斯王子和彭定康登上"不列颠尼亚号"离开香港时的情景）

你们从中看到了什么？

生：香港市民的喜悦。

师：是啊，翻飞的烟花与明亮的灯光，张扬了喜悦。大家还可以想象一下英方人员站在"不列颠尼亚号"的甲板上望见这样的情景是一个什么样的心情。

生：失落、无奈。

学生要真正领悟这样一种从英方视角来表达中方情感的写作手法的妙处，就必须品味这篇新闻作品语言文字背后的张力。而这就需要引导学生细读文本中的背景文字。细读的过程是检测学生前半节课学习效果的过程，也是彰显学生思想与个性的过程，课堂也会生成出无限精彩。

师：大家品味得很细致深刻。我们知道，本文记叙的事实是香港回归这一重大的历史事件，也是当时世界重要的外交事件。我们知道外交无小事。因此，在记叙时，本文的语言都是庄重而含蓄的，但是这种庄重而含蓄的语言有极强的张力，有很多的耐人寻味的言外之意，同学们能否评一下，谈谈你读完这篇新闻作品的语言后心中的"着重号""问号""惊叹号"，哪一位同学先说一说？

生14：我先说，第五段为什么要写一幅紫荆花图案，恰好构成了这个日落仪式的背景。

师：这是一个知识性问题，哪位同学先说一下？

生15：这里的紫荆花图案是香港的区旗。作者含蓄地表达了香港即将回归祖国的那样一种喜悦心情。"日落仪式"，既是现场的现实环境，又有象征意义，英国曾号称"日不落帝国"，体现出对它的某种讽刺。

师：你不仅介绍了知识，也指出了表达效果，很好。还有谁说一下心中的"问号"与"惊叹号"。

生16：我说第七段，作者为什么要写到150多年前的升旗和今天的降旗？

师：哪一位同学说一说。

生17：实际上，这里升旗，是写156年前英方占领香港，中国屈辱历史的开始。今天降旗，是中方收回香港，标志着英国在香港的殖民统治的结束，也就是中国屈辱历史的结束。文字背后有喜悦。

生 15：那么，这里英国国旗一升一降有什么意味呢？

师：这真是一个好问题。谁说一说？

生 18：实际上这里英国国旗一升一降，间隔 156 年，中间可谓意味深长。这是我国由弱到强的一个过程，是英方由强到弱的一个过程。

师：是啊，一升一降的背后是国运的兴衰。我记得 20 世纪 80 年代，伟人邓小平说过一句有关主权的名言。大家知道吗？

（众生沉默）

师：大家不知道呀。就是"主权问题不是一个可以讨论的问题"。这是提出"一国两制"解决香港问题的邓小平说的。当时英国首相撒切尔夫人被震慑，以至于走下人民大会堂台阶的时候竟摔了一跤。邓小平这句话的底气来在哪里？

生：我国综合国力增强。

师：是的，这是因为我国综合国力逐渐超过英国，香港才能顺利回归。这也印证了外交界一句话，大家知道是哪一句话吗？

生：弱国无外交！

师：完全正确。还有哪位同学说说？

生 19：我说第四段。

师：请你把第四段读一下。

（生 19 学生读第四段）

生 19：我有一个问题，为什么这一段要写到"许多港督对其进行过大规模的改建、扩建和装修？"

师：同学们看一看这段在记叙的方式上属于哪一种？

生：插叙。

师：是的，这里是插叙背景。哪位同学说说刚才生 19 的疑问？

（众生沉默）

师：我问一下大家，哪些同学老家有房子，但是现在不在那里住。

（众生议论纷纷）

师：你们家里对老家不住的房子装修吗？

（众生议论纷纷，有的说装修，有的说不装修）

师：我们老家也有房子，不过从不装修，因为我们家里人不想在那里住。

生19：哦，我懂了。英方港督对港督府进行大规模的改建、扩建和装修，是想长期占领香港。

师：这种改建、扩建和装修的过程在历史上是一个什么样的过程呢？

生20：这是英国在中国权益不断扩大的过程。这一扩张的历史，也就是我们不断遭受殖民凌辱的历史。

师：精彩。是啊，英国在香港权益的不断扩大经过了一个什么样的过程呢？

生：从156年前侵占香港岛开始，逐渐扩大到九龙、新界，以及周围两百多岛屿，共1092平方千米。

师：这一过程有什么意味？

生21：范围的逐渐扩大，暗示我们的屈辱逐渐加深。

师：分析的不错。这一段还有同学说说吗？

生22：还有对比的意味。这一段结尾的一句话："随着末代港督的离去，这种古典风格的白色建筑成为历史的陈迹。"把今昔对比，把今天的中国同过去的中国、把今天的英国同过去的英国、把今天的中国和今天的英国作对比。这样的对比使得自豪之情从文字中，流淌出来。

师：实际上本文中，使用了大量对比来反衬这种喜悦的心情，文中还有哪一些呢？

生23：第二、三段，这里写末任港督彭定康告别这个曾居住过25任港督的庭院，举行港督府降旗仪式时面色凝重地注视，港督旗帜在日落余音的号角中降下旗杆。把我们的心情与英方的心情对比，还有156年前英国人的心情与今天英国人的心情作对比。

师：这里的面色凝重，体现出英方什么样的心情呢？"日落余音"有什么样的意味？

生：黯然伤神、失魂落魄。"日落余音"有讽刺意味。

师：这一段文中还有一句话：永远都不会有另一面港独旗帜从这里升起。

怎么来理解这句话？

生 24：象征着英方殖民统治在香港的终结，也象征着中华民族一段屈辱历史的终结，是从侧面表现收回香港的自豪之情。

生 25：告别这里曾居住过 25 任港督的庭院，实写的是英国占领香港的时间之长，虚写的是我们遭受屈辱之深，也是对比。

作为一篇入选高中语文教材的经典新闻作品，不仅有其内在的文本价值和深远的历史意义，今天我们读这篇作品的时候还能感受到其强烈的现实意义。教学时应该引导学生在品评的过程当中感受到作为一个中国人的历史责任与公民使命。

师：是啊，这一段屈辱的历史冲淡了香港回归的喜悦之情。因此，这种喜悦是沉重的。文中还有一段话，大家没有关注到，就是第 11 段，请大家齐读。

（众生齐读）

师：这一段中大家觉得哪一句话，值得玩味？

生：大英帝国从海上来，又从海上去。

师：同学们思考一下这句话有什么样的意味？

生 26，当初英国是派军队从海上敲开中国大门的，今天他们又从海上离开，这也是一组今昔对比。

生 27：我觉得这里有一种对主权的捍卫，从哪里来的，就滚回到哪里去。

师：这里，你使用的"捍卫"这个词，用得好。同学们想一下体现出了什么呢？

生 28：体现出中华民族维护主权的坚强决心。

师：是啊，大家还想到了什么？

生 27：我想到了中国一句古话，"犯我大汉者，虽远必诛"。过去侵占了我们的，现在必须吐出来！

师：这里有这样的意味。现在是"占我中华者，虽久必归"！这也是中华民族对全世界的一种庄严正告，也体现出我们民族的强大与自信。

生 29：也说明大英帝国对我国的侵略彻底失败，对香港的殖民统治彻底终结，这里的"去"字有灰溜溜夹着尾巴逃去的意味，也是对日不落帝国的一种嘲讽。

师：是呀，今天我们学习这篇新闻，了解了这篇新闻背后的一段历史，感受了这段历史深沉的意味。那么，今天我们学习这篇新闻有什么现实意义呢？

（众生沉默）

师：我们可以想起今天的南海形势。

（师生讨论）

生30：今年7月12日，由美日操纵的法庭的一纸判决，颠倒黑白，否认中国在南海的全部权益。为此，中国政府发表声明，直斥这纸判决是废纸一张。同时明确地指出，"南海，是我们的内水"。实际上也是誓死捍卫祖国主权的表现。

师：是的，虽然香港回归祖国快20年了，可我们今天学习这篇新闻时，心中涌动着的喜悦虽然沉重，依然能感受到一种自豪与自信。这种自豪与自信的底气，源于我们综合国力的不断提升，源于我们对祖国主权的誓死捍卫。一个强大的国家的背后，必然展现的是一个自信大度、勇于担责的民族，必然站立的是一个个誓死捍卫国家利益与民族尊严的国民。下课。

这样的一种设想是否能真正地在课堂上得以体现，课前我心里还是没有底的。一节课下来，教研员周少华主任的一席话，总算让我松了一口气。他说：整堂课体现了一个成熟教师的基本素养，课堂教学结构的推进符合中学生阅读的认知规律；教学设计简约，重难点明了；师生基本上能深度解读文本、品味文字；课堂上学生主体意识体现较好，师生互动探讨能得到较好的落实。虽然周主任不乏溢美之词，但我觉得这节课至少有以下几点值得总结。

1. 学生的主体地位彰显比较明显。

叶圣陶老先生早就说："教学，就是教学生学。"学生"学"的过程，才应该是课堂展示的主要内容。著名特级教师凌宗伟也说："一节好课，一定要有人。"这个人就是学习的主体，即学生！这节课在一开始，我就特别注重了学生课堂上的参与度。不论是开始的作业展示，还是对文本语言文字的品评，自始至终学生全程参与。据不完全统计，课堂上学生发言的次数多达三十次，而且不少学生发言质量较高。在问与答之间，展现学生思考的深度，闪现学生智慧的光芒。在课堂上，学生探讨比较热烈，生命状态得以激活。

2. 课堂始终在动态生成中不断丰富

有效的课堂教学离不开预备。但是，这种预备不同于再现课堂的预设。这种预备是一种弹性的预设，它是生成课堂的基本特征。生成课堂上教学的预备一旦初步形成，课堂就是学生的大舞台，课堂内容就要靠学生的动态生成来不断丰富。正如特级教师李仁甫先生说："弹性预设必然会带来大量精彩的生成，从而带来语文课堂真正的春天。"今天这一节课开始不久，"为什么我们又不能过分地刺激英方，在文中不见张扬的喜悦与自豪"这一问题便带来了第一波精彩生成。一个女同学马上就说："体现我们中华民族的胸襟，大度与气度，以及对对手的尊重，展现了我们当代中国的民族自信与我泱泱中华的风范，喜悦与自豪从文字中溢出。"我又适时地联系学校门口的两条标语："胸怀祖国，放眼世界。"一下子就打通了语文与生活的联系通道，造就了课堂的风景，拓展了语文的边界。其实这样的不可预约的生成，在课堂有不少。课堂结尾的一次生成尤为明显。我在引导学生探讨文本的时代价值与意义时，一个学生说到了"誓死捍卫国家领土主权"这句话。我紧抓"捍卫"一词，引导学生进一步领略"大英帝国从海上来，又从海上去"这句话背后的张力，体会其历史与现实意蕴。又把一百七十多年前的历史拉回到今天的现实，向学生介绍目前南海的形势，进而让学生明白，在共享祖国荣光的同时，不忘自己肩上的责任与使命，又一次拓展了语文的边界。

3. 解读文本选取了契合写作特色的角度

实际上，文本解读一直是我的弱项。这两年我也陆续地读了一点相关理论。上第一节课前我也曾思考，难点之所以在于准确把握文本中叙写沉重喜悦背后的复杂情感，这是因为读者是站在一个中国人的角度来进行解读与思考的。作者或许也是考虑到了这一点，便从"英国撤离香港"的视角来写作。为什么教学不可以从分析英国人的心情入手呢？想到这一点后，我便选取了四张幻灯片，展示英国人撤离香港时的心情。由此，明确本文主要运用对比、反衬的写作手法，来表现香港回归祖国那样一种沉重的喜悦，中间穿插对文中背景语句的分析理解。从而打通学生理解的通道，消除理解的情感障碍。

当然，课堂教学本身就是一门遗憾的艺术。

正如当代教育家叶澜说："好课的标准之一就是有待完善，即真实。"只有真实的，才会有缺憾。这堂课同样有不少值得改进的地方。周少华主任说："课堂教学中，师生互动环节，学生回答时的不少语言不够准确；教师提问时，指向应该更加明确。这实际上是平时思维训练有效性有待提高的表现。"其实，周少华主任在这里，提出了一个极具思考价值的问题：怎么提高学生思维训练有效性？这确实是当前高中语文教学亟待解决的问题。特别是全国卷高考试题愈来愈注重考查学生思维表达能力这一背景下，学生思维表达的混乱又是文字表达题丢分的主要原因。目前，在这方面我还未找到行之有效的方法。

再如，我虽然主张并积极践行生成理论，开展生成课堂教学，这一节课也初步展现了生成课堂的活力。但是，依然没有很好地解决生成课堂的一个重要问题：学生在课堂上要尽量能提出更多有价值的问题。这一节课，虽然有些学生提出了自己的"问号"与"惊叹号"，但学生还未真正掌握课堂的提问权。也就是说，课堂的引擎还未完全交给学生。李仁甫老师说："把教学引擎交给学生，意味着真正尊重学生的主体性，正视学生课前深度学习成果，直面学生在学习过程当中逐渐形成的思维上的愤悱状态。"在这样的课堂上，学生的精神才能真正生长，学生的思想才能真正丰盈。

还有课件的呈现虽然简约，但是依然是线性的。课件的制作中，没有把语文课堂教学与信息技术进行深度的交融。学会做一种立体化的、非线性的、动态而开放的课件应该是语文教师努力的方向。甚至部分教学细节仍然有待打磨，对学生的分析引领不够，如对结尾一段中就没有对涉及的时间进行细致分析，失去了一些精彩的生成。周少华主任"力求把每一堂常规课都上成精品课"的建议，也体现出我与一个卓越教师的距离之远！

借一句俗语作结：语文教学永远在路上。每一个语文人都应不断追求，不断超越，不断发掘语文课堂的风景，拓展语文教学的边界！

(原载《语文教学与研究》(上旬) 2017 年第 3 期"案例"栏目)

【点评】

新闻教学中的生成味道与语文底色

李仁甫

　　《别了，不列颠尼亚》是一篇新闻稿。新闻作为实用类文本，它不像文学作品那样文采斐然，具有强大的感染力量；也不像议论文那样启发人思考，显示出强大的逻辑力量；也不像说明文那样平实却有丰富内容，具有条分缕析的价值。它在结构上过于程式化，更缺乏经典的魅力，一旦编进课本，实际上便意味着已经失去了新闻的时效性和新鲜度，成为"明日黄花"。这样，无论是学生还是教师，一般都不大喜欢阅读新闻。于是很多语文教师往往对这类实用类文本很不重视，十几分钟甚至更少时间一略带过，根本没有把新闻当作一种"文本"，一种同样值得我们去深入挖掘的语言矿藏和意义宝库。然而，张敏老师却把这篇新闻《别了，不列颠尼亚》上成了90分钟——整整两节课。那么，他为什么这样做，又是如何做到的呢？

　　因为他眼光独到，下手精准。他看准了难点：这篇新闻是从"英国撤离香港"这一独特的视角来展示中华民族"沉重的喜悦"的，而在表述这种"沉重的喜悦"过程中掺杂着一种复杂情感。于是就着这一"硬骨头"，他在前测作业时很巧妙地把学生的视点聚焦到没有关注的段落——第四段和第六段。作为新闻结构要素中的"背景"，其深处的"沉重的喜悦"正是需要教者带着学生一起涵泳的，不然一些学生往往只是直观感受到"英国的失落、无奈"，而对字里行间流露出的"中方的喜悦、自豪"却缺乏深度体验。为了达成效果，他结合作者在文中所写的新闻事实，选取了四幅图片，然后在一幅一幅的"看图说话"中，矫正着学生的情感度，使之趋于全面、正确的体验，最终让学生"真正领悟这样一种从英方视角来表达中方情感的写作手法的妙处"，从而顺利地解决了教学难点。

　　然而，难点的解决更多的是依赖于"看图说话"形式的辅助，而这种辅助很容易滑向非语文的边缘，淡化语文课的底色。此时，张老师头脑很清醒：

四幅图片只是为了降低涵泳的难度,而对"沉重的喜悦"之情感体验,最根本的还是要依赖于语言文字,要在语言文字的涵泳中潜入文本的深处。这就是他看准的第二个"点"——教学重点。

随着课堂流程的变化,因为是教学重点,张老师便充分发挥自己的创造力,一改前面的教者问题导向,而采用了新的问题导向——让学生主动碰触一些问题。他是这样激发学生的主动性的:"同学们能否评一下,谈谈你读完这篇新闻文作品的语言后心中的'着重号''问号''惊叹号',哪一位同学先说一说?"有了教者的鼓励,加上话题具有无限的选择空间,学生们便很快积极跟进,无缝对接。他们主动呈现出三个问题:第五段为什么要写一幅紫荆花图案,恰好构成了这个日落仪式的背景?第七段,作者为什么要写到150多年前的升旗和今天的降旗?为什么这一段要写到"许多港督对其进行过大规模的改建、扩建和装修"?几乎每一个问题提出来,张老师都是从容不迫,优先让学生展开接盘式的交流。只有当他们在交流过程中出现思维断裂、走失等现象时,他才适时介入,循循善诱,用"哪一位同学说一说?""完全正确。还有哪位同学说说?""同学们看一看这段在记叙的方式上属于哪一种?""这一过程有什么意味?""实际上本文中,使用了大量对比来反衬这种喜悦的心情,文中还有哪一些呢?"等等询问、追问、反问等方式拓展他们的思路,拓开他们的眼界,拓宽他们的情怀。

特别是第三个问题"为什么这一段要写到'许多港督对其进行过大规模的改建、扩建和装修'"有点难度,此时张老师借力打力,重拳出击,先后反过来问学生"哪些同学老家有房子,但是而现在不在那里住?""你们家里对老家不住的房子装修吗?""这种改建、扩建和装修的过程在历史上是一个什么样的过程呢?""英国在香港权益的不断扩大经过了一个什么样的过程呢?""这一过程有什么意味?"等五个环环相扣的精彩问题,充分显示了一个语文教师在助学的关键时刻应有的担当和实力。

最后,当学生差不多对文本挖完并问完,提问的权利应该"反转"时,张老师当仁不让,及时抛出两个更有语言价值的好问题:"这一段,文中还有一句话:永远都不会有另一面港独旗帜从这里升起。怎么来理解这句话?""这一段(指第11段)中大家觉得哪一句话,值得玩味?"这两个黄金般的问题，把课堂助推到高潮，把学生带往学习的最高境界。

这种境界，在张老师课后的总结中被描述为"动态生成"。他觉得自己的课堂"始终在动态生成中不断丰富"。通过这一课例，他深悟道："有效的课堂教学离不开预备。但是，这种预备不同于再现课堂的预设。这种预备是一种弹性的预设，它是生成课堂的基本特征。生成课堂上教学的预备一旦初步形成，课堂就是学生的大舞台，课堂内容就要靠学生的动态生成来不断丰富。"他是这样说的，事实上也是这样做的，特别是在引导学生涵泳语言文字的环节中做得非常好。

最后，我接着开头提及的话题，还要说一点感受。碰到新闻类的实用文本，大多数教师容易疯狂补充背景资料，并且通过多媒体展示当时的许多珍贵图片，以致走向一个极端。在新闻教学上花费许多时间甚至几个课时，结果课堂看起来非常热闹，学生却在语文学习上基本上无所得。

也许如果仅仅从文体特征的角度来学习，用很少时间了解新闻的"倒金字塔结构"就差不多了，但这样实际上也就将新闻当作了高考试卷的语言表达题。这是典型的肢解文本；如果仅仅从人文性角度来学习，过多地联系历史的细节和现实的状况，虽然大家可以接受一次文化洗礼，但往往架空了语言，架空了文体，丢掉了语文本色。

文化视角与语言视角，如何兼顾？我觉得，最好是把人文寓于语言之中，通过语言有层次、有次序、有节奏性地自然而然地展示文化，比如从语言文字入手，特别是欣赏导语，让学生在解读文本和朗读体味中渐次粘连有关香港问题的材料碎片。这样，文化内容与语言文字，就紧密地结合在一起，做到水乳交融了。这说明，新课程标准中核心素养的几个方面是一个整体，而不是可以轻易分离的东西。

（作者系江苏省特级教师，正高级教师，盐城高级中学语文教师）

13. 用好三类号　课堂妙生成

——《记念刘和珍君》教学札记

细读特级教师、正高级教师李仁甫先生的著作《课堂的风景与语文的边界》，看到李老师《管仲列传》教学实录中有这样一段话，大意是：学习文言文时，学生们逐渐形成了自己的学习规范——深度学习，反复阅读，读出三个符号，即着重号、问号、惊叹号。李老师讲的这三类号，并不是通常意义上的标点符号，而是学生研习文本过程中的某种收获。不过我觉得，从某种意义上讲，这里的着重号、问号、惊叹号也是一种预备与生成。这种预备与生成，有的源自师生课前的准备，有的源于课堂上师生、生生的相互启发与领悟。

近日我就把李老师的这一经验，应用到了《记念刘和珍君》的教学当中。众所周知，中学生对鲁迅先生的作品总觉得有些陌生。虽经多次删减，中学课本上鲁迅先生的作品有所减少，但《记念刘和珍君》这篇文章一直保留了下来，反映出其有特定存在的价值与意义。本文教学的难点在于学生对鲁迅先生感情的准确把握，而准确把握情感的关键是正确理解文中的相关句子。这对高一学生而言无疑是难题。为了有效地解决这一难题，我借鉴了李老师运用"着重号""问号""惊叹号"的智慧，收到了较好的效果。

"着重号"代表学生自己认为"重要的而不困惑的"内容，目的是检查学生自学的深度和深度自学的习惯。这里的"重要的"，主要指知识性和思维性内容。"困惑的"指的是有疑问，需要通过较深入的探讨、争鸣才能加以辨析、理解的内容。"重要的而不困惑的"内容，就是指学生需要掌握的却没有迷惑或者不需要过多的探讨、争鸣就能理解的内容。例如在教学《记念刘和珍君》中，梳理分析刘和珍的事迹和形象无疑是重要的，但是学生通过简单的探讨就可以了解。因此，课堂上我只是对类似内容进行"着重号"式处理。课堂研讨的重点是"问号""惊叹号"部分。

"问号"，顾名思义就是代表学生疑惑的内容，这种疑惑需要通过较深入的探讨、争鸣才能加以辨析、理解。"问号"首先源于预备，即课前师生研读文本时产生的疑惑。学生质疑《记念刘和珍君》一文中鲁迅先生在文章开头说"我也早觉得有写一点东西的必要了"，为什么结尾又说"呜呼，我无话可说"，就是研读文本时产生的。

生1：我提的问题是，为什么文章开头鲁迅先生说，我也早觉得有写一点东西的必要了，文章结尾又说"呜呼，我无话可说"。

师：这是一个好问题。我们从文中找一找这几句话。

生2：上一节课，我们在梳理这篇文章写作思路的时候就知道，文章的第一节和第二节三次写到"我也早觉得有写一点东西的必要了"，第一节和最后一节两次写到，"我实在无话可说"。

师：那么同学们能否说说，这三次"有必要"，两次"我实在无话可说"各有什么不同？

生3：我先来说说。

师：当然可以，有请。

生3：文章从追悼会上程君请求我写一点文章写起，特别是她告知我"刘和珍生前很爱看先生的文章"，程君站在私人的角度劝我写一点什么。而我也想到刘和珍毅然预定了全年的《莽原》。从这个角度上看，"我有写一点东西的必要"。但是这里也有一个"也早觉得"，说明鲁迅先生有自己的考虑。"在开追悼会的那一天，我独自在礼堂外徘徊"，"徘徊"二字说明作者的心中有着一股压抑不住的愤怒。因为刘和珍"不是我的学生，而是为了中国而死的中国青年"，这样"有写一点东西的必要"，就由私谊上升到了公理与正义。而第二次写"我也觉得有写点东西的必要了"，是因为我们还在这样的世界活着，这样的世界是一个什么样的世界呢？用先生的话讲，是一个"非人的世界"。鲁迅先生用自己的笔来写一点什么，为这个世界的人们，争取一点做"人"的权力。第三次是"忘却的救世主快要降临了吧？我也早觉得有写一点东西的必要了"，是提醒人们，特别是"庸人"不要忘记这次惨案。

师：讲得真好，很细致，尤其是他讲的，"为这个世界争取一点做人的权利"，很有新意。做人的权利是天赋的，但是在这样一个"非人间"的世界毫无人权可言！

生4：这正是"我无话可说"的原因。第一次"可是我实在无话可说，我只觉得我所住的并非人间"。这是一个怎样的人间呢，四十多个青年的血洋溢在我的周围，群众向政府请愿，卫队居然开枪。死伤者数百人，政府竟然说请愿的学生是"暴徒"，学者文人竟然说他们是受人利用的。鲁迅先生认为，"非人间"给他以悲凉哀痛之感，悲愤存于心，压抑太久。而作为一介文人，鲁迅又只能呐喊几声，面对学生的死亡，他除了写点文字，又能说点什么呢？的确"无话可说"。因此，文章结尾鲁迅先生说，"呜呼，我说不出话，但以此记念刘和珍君"表现的是心中的悲愤与无奈。

实际上，"问号"还源于课堂上师生、生生之间的相互探讨、启发。教学中我抓住生4说"'呜呼，我说不出话，但以此记念刘和珍君'表现的是鲁迅先生心中的悲愤与无奈"发问，就是受生生之间相互探讨的启发提出疑问，从而把学生引进对文本更深的探讨中。

师：分析得好。这里的"悲愤"大家能理解，但"无奈"大家是否认同？

（众生沉默）

师：同学们可以看一看，这一惨案中，鲁迅先生认为他自己是一个什么角色？

众生：苟活者。

生5：老师，为什么鲁迅先生没有直接参与学生的请愿行动呢？他不是支持学生的行为吗？他不是鼓励学生不要沉默吗？为什么他自己不去直接斗争呢？

师：这几问问得好，有没有同学来回答一下这个问题？

生6："鲁迅先生没有直接参与学生的请愿行动"，因为鲁迅先生不赞成这样的斗争方式。文中第六节，鲁迅先生作了一个精妙的比喻：人类血战前行的历史，正如煤的形成，当时用大量的木材，结果却只是一小块，但请愿是不在其中的，更何况是徒手。鲁迅先生认为，除了"供无恶意的闲人以饭后的谈资，或者给有恶意的闲人作流言的种子，此外深的意义总觉得很寥寥"。

师：这次惨案是否毫无意义呢？

生7：当然这次请愿也有其他的意义，那就是"至少浸渍了亲族师友、爱人的心"。而且引用了陶潜的一首诗。这首诗寄托了作者愿死者与青山同在的情感，刘和珍虽死了，却与青山同在、与日月同光，这也是充分肯定学生流血牺牲的意义。

生6：那个比喻本身也讲到了这次请愿有意义，只是"一小块"罢了。鲁迅先生只是觉得徒手请愿而流血牺牲，死伤多人，这样的代价太大了！

师：两位同学都谈到了惨案的意义，明白了鲁迅先生不赞成这样的斗争方式。但文中作者自称"苟活者"有什么意味呢？

生8：文章第二节写道，"苟活到现在的我"，表达的是自己的一份歉疚。第七节"苟活者在淡红的血色中，会依稀看见微茫的希望"，这里的苟活者，虽不只是作者，却体现了鲁迅先生一贯的立场，那就是无情地解剖自己，也表明鲁迅先生是一个有强烈正义感的知识分子！

师：分析得精辟。同学们想一想这两处无情地解剖自己，先生的用意是什么呢？

生9：是为了赞扬刘和珍等人。用我的苟活来反衬刘和珍的勇敢伟大。苟活下来，有效地保护自己，是为了更好地战斗！

师：既然大家认同这里的"苟活者"有内疚之意，有反衬的效果。那么，我们回过头来看看，文章的结尾是否有无奈之意呢？

生10：我觉得至少有那么一点无奈，因为作者是文人。一般文人在强大的反动派面前是比较渺小的。

师：这也是实情。但文人的力量虽小，却不能忽视。

生11：我觉得无奈的感觉至多是一瞬间的，这里不能理解成鲁迅先生的主流情感。鲁迅先生说，"真的猛士将更奋然而前行"。这分明是激励生存者，也是向广大爱国青年发出的号召。他写"中国女子英勇斗争，相互救助虽殒身不恤的事实"，多少看到了一点改变现实黑屋子的希望。真正的革命者将会更加奋然而前行。作者写这篇文章的目的就是为了唤醒人们起来战斗，只是告诫学生们不要用徒手请愿的方式。他说"沉默呵，沉默呵，不在沉默中爆发，就在沉默中灭亡"。他是主张爆发的，因此文章结尾，不是表现鲁迅先生的无奈。恰恰相反，我们感受到的更多的是作者激昂的斗志，热血澎湃的气息，只是因为心中的悲愤太重了，以至于写完这篇文章后，鲁迅心中沉重的悲愤久久不能平息。

师：说得不错，大家能否找到其他理由？

生12：这种不能平息的悲愤，必然会带进鲁迅先生以后的岁月。这之后的十年，鲁迅先生写了大量披露黑暗现实的文章，像投枪匕首一样刺进反动派的胸膛，便是明证。这也充分证明鲁迅先生说不出话，不是无奈，而是积极地用笔战斗！

师：能结合作家的人生经历来动态地解读文本，很好。还有没有同学说说自己的理解？

课堂上学生不只是提出"问号"，更应该积极思考，成为解决"问号"的主体。教师不是问题的解答者与解说员，而是灵活机动的引导者。教师要牵引学生，鼓励、调动学生在课堂上善思会讲，主动探究，寻找到激活学生生命状态的机会，从而丰盈学生的思想，让学生成为课堂真正的收获者。

"惊叹号"代表的是教师和学生在课堂上经过师生、生生互动后受到启发，进而对文本有了更多的体会与思考，甚至质疑，从而引发出的独特探讨与争鸣。这些探讨与争鸣会把学生引入文本的深处，机智而灵动地描摹课堂的风景，不动声色地拓展语文的边界。我在教学《记念刘和珍君》中适时地鼓励学生使用"惊叹号"，课堂上也生成了不少精彩，特别是学生对文中"庸人"的理解上升到了国民劣根性的高度。

生13：这两处"我说不出话来"，一处在开头第一部分，一处在文章的结尾，这说明悲愤是贯穿全文的一条情感线索了。

师：的确，通读全篇，悲愤是贯穿全文的，刚才大家探讨时也说出了心中的一些问号与惊叹号，你们还有哪些问号与惊叹号呢？

生14：既然悲愤是本文的情感线索，那么是悲多还是愤多呢？

师：这的确是个好问题，哪一位同学来回答一下？

生15：我觉得首先要思考一个问题：悲什么？为什么悲？悲的是刘和珍等人的死亡，悲的是我们所处的非人间。那么，我们马上会问，是什么造成了刘和珍等人的死亡,是什么造成了我们所处的非人间?

师:这两问问得好,你能否继续说下去?

生15:毫无疑问,是当时的政府枪杀了刘和珍等人,是当时的反动派统治,是当时的一些文人的无耻污蔑,让我们所处非人间。因此我觉得本文更多的是愤!

师:大家是否赞同他的说法?

众生:赞同。

师:我有同感,可我有一小点不赞同。(学生做惊讶状)他说"悲的是刘和珍等人的死亡,悲的是我们所处的非人间"。可是,鲁迅先生只是为这两件事悲吗?

生15:(迅速站起)哦,还有为庸人而悲。

师:文中是怎么说的呢?你能否读一下?

(生15朗读第二节第1段、第六节第1段)

师:大家从他的朗读中有哪些思考,"庸人""无恶意的闲人"怎么理解?

生16:文中说是一般庸俗的市民。我觉得可以理解成麻木的群众,他们对刘和珍的死无动于衷,鲁迅为这样的看客悲哀。

师:他这里"看客"这个词用得好,实际上鲁迅先生的作品里有不少对看客批判的文字。大家对此有哪些思考?

生17:我想起了日俄战争时期,鲁迅先生文中写到中国人围观日本人杀中国人的情景,还大叫"好",国民麻木可见一斑。为此,鲁迅先生弃医从文。

生18:这实际上就是国民的劣根性。本文中"真的猛士,敢于直面惨淡的人生,敢于正视淋漓的鲜血。这是怎样的哀痛者和幸福者",猛士也因为这些人而哀痛。

师:两位同学说得真好,上升到了国民的劣根性的高度。

这一节课上,学生们用"着重号""问号""惊叹号"细读文本,一步步走进文本深处,进而走进那段历史,走进鲁迅先生的内心世界,消解了学生过去怕读鲁迅文章的恐惧心理。其实这里运用"着重号""问号""惊叹号"

开展教学，就是有效地检查学生的预备，把教学的引擎交给学生，让学生真正成为课堂的主体，进入一种深度学习的状态。这一节课，我把"着重号""问号""惊叹号"运用在教学《记念刘和珍君》一文中，有效地解决了让学生真正领悟鲁迅在文中的情感这一难题。正如李仁甫老师说："把教学引擎交给学生，意味着真正尊重学生的主体性，正视学生课前深度学习成果，直面学生在学习过程当中逐渐形成的思维上的愤悱状态。"在这样的课堂上，学生的精神才能真正生长，学生的思想才能真正丰盈。

值得注意的是，"着重号""问号""惊叹号"并不是割裂开来的，而是你中有我、我中有你。学生在解答"着重号"的过程中，可能会催生"问号"与"惊叹号"；在探讨"问号"与"惊叹号"的过程中，"着重号"标示的内容有可能是解决问题的基础。从这个角度上说，运用三类号是具有普遍的价值和意义的，恰当地运用一定会收到意想不到的生成效果。

（原载《读写月报》（语文教育）2019年第3期）

【点评】

"学习中心"的建立与呈现

陈兴才

"学习中心"有两层内涵：一是就阅读这个事情而言，文本只是一个材料和例子，阅读教学不是为了文本价值的实现，而是为了学生的"素养"，即从"文本中心"转移到"素养中心"。二是就师生关系而言的，如果教中呈现的是教师的理解和设置好的路径，不管用哪种方法去"告诉学生"，都属于教师中心，而如果是着眼着力于学生自己的学习行为，让学生主动发现、探究和解决问题，就可以说是"学习真正发生"，亦即"学习者（学生）中心"。

张敏老师的《记念刘和珍君》的教学，有清晰的教学追求——无论是教学内容还是教学观念，都能体现"学习中心"——关于惊叹号和问号。

在张老师的理解中，语文教学有"三号"：着重号、问号、惊叹号。"着重号"代表学生自己认为"重要的而不困惑"的内容，目的是检查学生自学的深度和深度自学的习惯。"问号"，顾名思义就是代表学生的疑惑的内容，这种疑惑需要通过较深入的探讨、争鸣才能加以辨析、理解。"惊叹号"代表的是教师和学生在课堂上经过师生、生生互动后受到启发，进而对文本有了更多的体会与思考，甚至质疑，从而引发出的独特探讨与争鸣。对语文阅读教学作出这样的价值定向，显然源于他自己深刻的教学体验。

有一句关于教学意义的说法很贴切，即"在需要教的时候去教"——虽重要、但学生完全能自己解决的问题，显然不是教的重点，相信学生就行。而"问号"是学生学习中的困惑和疑难，教师的教的意义正在"解惑""解决问题"，或提供学习支架，所谓"教"即为"助学"。

在《记念刘和珍君》的教学中，学生（自己）提出了问题：为什么文章开头鲁迅先生说，"我也早觉得有写一点东西的必要了"，文章结尾又说"呜呼，我无话可说"？这是一个非常有价值的也是对学生来说有疑惑的发现，张敏老师立即引导学生梳理相关文字，发现了三处"有必要"和两处"无话可说"，从言语和当时的情境两个角度引导学生去析疑、解疑，走进了鲁迅先生的情绪世界——悲愤与无奈。而且，解疑中又生出新疑——这里的"悲愤"大家能理解，但"无奈"大家是否认同？至此，我们可以发现，张敏老师对"问题教学"的精准把握的两个层次：让学生自己发现及提出疑问和作为教者设置疑问，从而把教学引向深处。

"惊叹号"更是一个新颖的教学议题，关乎课堂的生成。"惊叹号"代表的是教师和学生在课堂上经过师生、生生互动后受到启发，进而对文本有了更多的体会与思考、甚至质疑，从而引发出的独特探讨与争鸣。

在实际教学中，我们可看到随时随机的课堂生成，如学生提出：这两处"我说不出话来"，一处在开头第一部分，一处在文章的结尾，这说明悲愤是贯穿全文的一条情感线索了。又如学生提出：既然悲愤是本文的情感线索，那么是悲多还是愤多呢？这种问题生成与随后的理解、表达与交流生成，正体现了课堂的价值——学习真正发生。

我们常说"深度学习"这个概念，其实"深度学习"不是指学习内容的深奥或教师对文本解读的深掘，更不是教师讲解的深度，而是指学生学习行为的深入，不断有疑、解疑，又生疑，再解决问题，学生思考和阅读的不断"深入"才是真正的深度学习。这个"正解"在张敏老师的教学中体现得非常明显。

张老师的这节课还有一个特征值得引起关注——学生的表达很少是零碎的，三言两语的，更多是大段陈述，这样做的好处是培养与考察学生的思维清晰性和严密性、表达的条理性和完整性，这是平常好多老师上课不太注意的，只满足于"学生回答问题踩到点"而不管表达（本质上是思维）的畅达，而张敏老师恰恰在这方面作了好的示范，也许是他有着清晰的教学追求，也许是他一贯的教学品质的体现。

（作者系江苏省特级教师，正高级教师，西安交大苏州附中语文教师）

14. 在预设与生成之间舞蹈

——《项羽之死》中"垓下之围"教学札记

今天,我上了新学期开学以来让自己最满意的一节课。

这节课是带领学生赏析《项羽之死》中的"垓下之围"。在昨天的一节课上,大家了解了作为历史人物的项羽,通读了《项羽之死》,同学们初步扫除了文言知识的障碍。今天这一节课的目标是概括课文内容,初步感知项羽人物形象,进一步引导学生充分认识到人物形象的丰富性与复杂性。

上课伊始,我开宗明义亮出课堂目标,并在PPT上打出易中天教授在《品三国》时说的一句话:历史人物形象和文学人物形象是不同的。下面是这一节课的教学实录。

师:本文可作为一篇人物传记来读,只是这篇文章写的不是项羽的一生,而是人生中的一段心路历程。那么,我们根据过去对人物传记的整体把握的方法,可以从哪些方面进行概括呢?

生:可以从"人事地时"进行概括。

师:能否结合课文谈得详细一些?

生1:人,已知,是项羽;时,已定,是项羽人生的最后一段时光。关键是抓住事、地来概括。

师:你能否概括一下,本文写了哪些内容?

生1:应该写了四件事:垓下之围、被绐陷泽、东城突围、乌江自刎。

生2:老师,我不同意这种分法,应是三件事:垓下之围、东城突围、乌江自刎。

师:两位同学都善于抓住文中的关键词来进行概括,这很好。焦点在于对"被绐陷泽"的处理存在差异,那么大家怎么看呢?

生3：我觉得第二、三段是写同一个内容。

第二段先写了"直夜溃围"，再写"被绐陷泽"，"项王引兵，至东城"，最后写"项王自度不得脱"，"愿为诸君快战"，第三段就是具体写"快战"的。因此二、三段是写同一个内容，"被陷大泽"只是"东城被围"的原因。

师：很好，善于从内容上概括，那么是否有其他理由呢？

生4：老师，还可以从结构上进行分析。

师：哦，能否详谈？

生4：从结构上看，"直夜溃围"是呼应首段的"垓下之围"，"愿为诸君快战"是为第三段进一步详写东城突围之战斗场面埋下伏笔。

师：善于从结构上进行分析，这一点很好，又为大家提供了一种思路。但是这里是埋伏笔吗？什么是伏笔？

（众生略作思考）

生5：埋伏笔，是前面对后面所写的内容作隐喻。

师：描写准确，这里有隐喻吗？

生：没有。

师：我们过去在小说《林教头风雪山神庙》里学习过埋下伏笔，同学们能回忆一下吗？

生6：文中写到雪愈来愈紧了，一个"紧"字隐喻后来的矛盾冲突更加激烈。

师：那么这里上文的"愿为诸君快战"表明是什么结构技巧？

生7：这里是作铺垫。铺垫是对后文写的事先提及一下。

师：很好，你不但说出了技巧，还指明了作铺垫同埋伏笔的区别。

师：既然这两段可以看作是写事件"东城突围"，那么文中有什么照应没有？

生8：有，还不少。如"直夜溃围南出……至东城"，"然今卒困于此"，"为诸君溃围"，"汉军围之数重"，从这些语句都可看出地点是东城，故可概述成东城突围。

师：好，既然大家对故事情节概括有了统一的认识，并找到了依据，那么文中刻画了一个怎样的项羽形象？我们先来看"垓下之围"。

请大家齐读（学生齐读）

师：过去大家在《鸿门宴》中所熟知的项羽形象同"垓下之围"中项羽形象一样吗？

李迎奥：过去我们看到的是硬汉形象，也可说是"猛男"（同学大笑），这里展现的是他柔情的一面。

师：何以见得？

李：他"悲歌慷慨"，"项王泣数行下"，他悲伤地歌唱，而且还哭了。这是我们过去不曾见的。

师：这的确颠覆了人们过去的印象，那他为什么哭呢？

李：被围垓下"兵少食尽"且"围之数重"，他意识到败亡的人生结局，可以说他为人生的穷途末路而哭泣。

张剑辉：老师，这里"穷途末路"用得不对，这是一个贬义词，是指坏人走投无路，用在这样一个英雄人物身上不合适。

师：为什么呢，你有什么依据呢？

张：从本文作者司马迁的安排看，作者是把项羽当成英雄。文中注释①本节选自《史记·项羽本纪》，"本纪"是记载帝王的，可见在司马迁心中"项羽"有帝王分量，作者对他是尊重的。

师：很好，善于从注释中发掘，那么在"垓下之围"中这种尊重是否有所体现？

张：有，集中地体现在项羽的歌词中："力拔山河兮气盖世，时不利兮骓不逝；骓不逝兮可奈何，虞兮虞兮奈若何。"俗话说："夫妻本是同林鸟，大难临头各自飞。"在这样的处境里，项羽没有只顾自己，他还担心虞姬之未来，足见其重情的一面。这里显得难能可贵，值得读者尊敬，也体现司马迁的一片苦心。

师：分析得深刻，那么这首诗要表达的仅仅是项羽重情吗？

生9：远不止，"力拔山兮气盖世"有自豪之意。

生10："时不利兮骓不逝"，有悲伤悲叹，"骓不逝兮可奈何"有无奈，"虞兮虞兮奈若何"有担忧。

师：大家从这一首短诗中读出这么多的情感，了不起，但"力拔山兮气盖世"是自豪吗？

生11：我认为不是，好汉还不提当年勇呢！在人生处于败局之时，吟咏这一句实际上有今昔对比之意。项羽心有不甘，又无法改变实际，是表现其内心痛苦。

师：有意思，你的这种说法文中有依据吗？

生11："于是项王乃悲歌慷慨"，一个"悲"字尽显其心境。

生12：老师，前面还有几句"项王夜起饮帐中，有美人名虞，常幸从，骏马名骓，常骑之"想到这些项羽肯定处于回忆中，想起那时是何等威风，而现在"四面楚歌"身处重围，自然悲从中来，因此我同意生11的说法。

生13：即使是这样痛苦之时，项羽也想到身边之人虞姬，足见其是一个重情感的人，用今天的话说是个"暖男"。（同学们大笑）

生14：还有"左右皆泣，莫敢视王"，这是从侧面表现其悲惨处境也印证了他重情的一面。

师：能否详谈？

生14：在这样的时刻左右还未逃，足见其忠心；见项王哭亦泣，足见其左右对项羽的坚定支持。只有平日项羽善待身边人，身边人才会有如此表现。

师：能设身处地分析人物，很好。那么这一段中仅仅是表现其重情吗？

生15：还体现了项羽轻信他人的性格特点。在本段中实际上是张良设计"四面楚歌"来瓦解楚军心，项羽大惊，"汉皆已得楚乎，是何楚人之多也"。项羽不明就里，自瓦军心，动摇其意志。

师：人物性格带有稳定性，项羽这一性格特征在《鸿门宴》是否有体现？

生16：《鸿门宴》中项羽先轻信曹无伤，后又轻信项伯，轻信他人是其性格弱点。

生17：还有我们可从文字中看见其勇猛的影子，虽处被围仍见其精魂。

师：这一点也能看出来？

生17："兵少尽食，汉军及诸侯兵围之数重"，一个"数重"体现出汉军仍很忌惮他，怕围不住，其勇猛形象还在震慑着敌人，实际上下文表现得更直接。

生18：还有为帅者的镇定从容。项羽面对四面楚歌却夜起饮酒，足见其有临危不乱的从容。

师：同学们，读书如此之细，令人感动。

师：一个垓下之围，一段一百三十余字的文字，同学竟然分析出如此海量信息，真的了不起。2000年后的大家对司马迁笔下文字如此用心，真不枉这位项羽英雄一世。在吟咏文字中我们感受的是一个重情、有泪、淡定从容、而又轻信他人、内心异常痛苦，甚至重围中仍见勇猛，这样一个复杂而又真实的末路英雄形象。同学们是否可以课后再思考一下司马迁在这段文字中是如何地刻画这样一个复杂而真实的英雄形象的。下课。

这一节可以说上得让自己满意，甚至有些感动。我想第一个很重要的原因是充分放手，调动学生主动钻研文本，充分相信同学们的鉴赏能力，在动态生成中完成教学目标。课堂上只有结构性安排，而无具体的预设，真正体现了学生在课堂上的主体地位。正如钱梦龙老师说："学生是认知的主体、学习的主体、发展的主体。"因此，"教学过程首先要确立学生的主体地位，确立学生是具有独立人格、主观能动性和自我发展潜能的活生生的人。"基于这样的观点，这一节课，主要是在课堂上动态生成，让学生在研讨文本中拓展对课文内容与人物形象的理解，以此达到完成课堂目标的目的。我想这是今后课堂教学值得重视的。

二是正确地处理了预设与生成之间的关系。过度的预设和无限的生成都是对文本的伤害，也是对学生创造性的扼杀。教学是一场有目的师生双边活动，对教学任务、过程进行合理的预设，是无可厚非的；在自主生成中教师进行必要的指导、引导，也是不可缺少的。

这一节课上，我对课堂教学目标及课堂结构安排有明显的预设。《项羽之死》安排在《古代诗歌散文鉴赏》第四单元，这单元的主题是"创造形象，诗文有别"。与诗歌相比，散文中叙述、说明、议论性成分较多，思想性较强，常以生动鲜明的形象来吸引读者，如传记文，通过语言、行动、心理以及相关事件等来表现人物性格，凸显人物形象。正是基于这一特点，这节课我预备了这样两个目标：一是梳理故事情节，也就是概述文本内容；二是依托文本来分析人物形象。

至于怎么去概括内容，分析形象特征，这一过程完全交由学生来解决。

当然，这里教师的指导、引导也不可少。本节课虽然基本上是由学生去动态生成，但在动态生成中，我也对课文进行了不动声色的预设。具体表现对人物形象的界定上，同《鸿门宴》相比，《项羽之死》更多是展现项羽这个人物的正面形象，因此在学生谈到"穷途末路"时，我有意识地对学生进行了引导，让其讨论回归课堂预备的轨道。当然，这里学生并未明显察觉我的意图。

因此，我个人认为充分的预设是非常必要的，预设是为了更有效地生成；生成又是永恒的，是对预设的一种超越，也是学生课堂主体地位的体现，更是培养其创造性的重要手段。预设与生成相辅相成，课堂教学就是一曲在预设与生成之间的舞蹈。

（原载《读写月报》（语文教育）2016年第8期）

【点评】

合理预设　有效生成

周丽蓉

课后及时写作教学"札记"，是一个良好的教学习惯，是一位教师从普通走向优秀的途径。张敏老师正走在这条路上。

读着"札记"，我仿佛看到张敏老师因为教学设计的有效，因为学生的潜能的激发，因为课堂生成而有些满意甚至得意的微笑：张老师在札记的开头这样写"今天，我上了新学期开学以来让自己最满意的一节课。"不得意，怎么会说"最满意"呢？应该满意，这是教师用心对话教材，认真解读文本，悉心思考设计的结果；是教师以学生的语文能力发展为理念的教学实践的收获。

一、准确的目标设定，有效课堂的基础

有效课堂的达成，取决于教学内容的确定。

张老师的这节课，从教材的单元目标出发，以《项羽之死》为教学材料，但又不顾及全篇，而是聚焦"垓下之围"，对项羽这个历史上的真实人物进行文学人物塑造的赏析，带领学生深刻体会"史家之绝唱，无韵之离骚"的韵味。这样的设计可以看到，教师站着课程的立场，以学生的学科能力培养为教学出发点，用心对话教材，认真研读文本，正确确定目标，悉心设计教学环节。

在《中国古代诗歌散文欣赏》一书中，编者是以"欣赏"作为编写目标，旨在高一必修课程完成的基础上，提高学生的鉴赏能力。但我们知道，在实际的教学中，很多教师因为学科能力培养意识的欠缺，应试视野的狭窄，这本教材的使用更多停留在文言字词句的落实上的，诗歌部分还好，散文部分的赏析目标往往是空置的。

古代散文的阅读，仅有字词句落实的课堂是低效的，这样的教学内容的设定，无论是学生和教师都难有获得感，学生的能力也难以提高。

"历史人物和文学人物是不同的。"易中天教授这句话很精辟，张老师在这里引用很恰当，能够启动学生的思维。

于是，我们可以看到课堂上有这样的对话：

师：过去大家在《鸿门宴》中所熟知的项羽形象同"垓下之围"中项羽形象一样吗？

生：过去我们看到的是硬汉形象，也可说是"猛男"（同学大笑），这里展现的是他柔情的一面。

师：何以见得？

生：他"悲歌慷慨"，"项王泣数行下"，他悲伤地歌唱，而且还哭了。这是我们过去不曾见的。

师：这的确颠覆了人们过去的印象，那他为什么哭呢？

生：被围垓下"兵少食尽"且"围之数重"，他意识到败亡的人生结局，可以说他为人生的穷途末路而哭泣。

生：老师，这里"穷途末路"用得不对，这是一个贬义词，是指坏人走投无路，用在这样一个英雄人物身上不合适。

很明显，因为前有教师展示的"历史人物"与"文学人物"的目标提示，现有教师联系《鸿门宴》的提问，学生很容易把在"垓下之围"这一特定情势下的项羽和《鸿门宴》中自鸣得意的项羽区别开来，所以学生看到了"猛男"的柔情。在这里，教师没有去计较学生并不规范准确的"猛男"和"柔情"的表达，而是以"何以见得"将话题引向文本，带领学生自然进入文学人物塑造的方法体会上。教师目标清晰，指向明确的点拨，学生的思维被打开，"存储"在记忆中的文学、历史知识在课堂讨论中信手拈来，在对话中把课堂向深处推进。18个学生纷纷发表自己的看法，课堂的高效可见一斑：学生的思维被启动，学生的表达欲望被催生，学生的思维和语言都得到训练。这一切，都得益于课堂目标的确定，课堂教学内容的有效选取。

二、立足学科素养，在肯綮处着力

张老师在结课时说："在吟咏文字中我们感受的是一个重情、有泪、淡定从容、而又轻信他人、内心异常痛苦，甚至重围中仍见勇猛，这样一个复杂而又真实的末路英雄形象。""吟咏文字"，浸润其中去体会，学习有效表达，这正是语文教学的肯綮，是学科教学的特性，抓住这一点，语文教学才能成为语文教学。

本课的教学目标确定紧扣学科特点，教学实施中在"语言""思维""审美"几个层面都有兼顾，这样的立体的教学是有效的。我们来看这一段课堂对话：

师：为什么呢，你有什么依据呢？

生：从本文作者司马迁的安排看，作者是把项羽当成英雄。文中注释①本节选自《史记·项羽本纪》，"本纪"是记载帝王的，可见在司马迁心中"项羽"有帝王分量，作者对他是尊重的。

师：很好，善于从注释中发掘，那么在"垓下之围"中这种尊重是否有所体现？

生：有，集中地体现在项羽的歌词中："力拔山河兮气盖世，时不利兮骓不逝；骓不逝兮可奈何，虞兮虞兮奈若何。"俗话说："夫妻本是同林鸟，大难临头各自飞。"在这样的处境里，项羽没有只顾自己，他还担心虞姬之未来，足见其重情的一面。这里显得难能可贵，值得读者尊敬，也体现司马迁的一片苦心。

师：分析得深刻，那么这首诗要表达的仅仅是项羽重情吗？

生9：远不止，"力拔山兮气盖世"有自豪之意。

生10："时不利兮骓不逝"，有悲伤悲叹，"骓不逝兮可奈何"有无奈，"虞兮虞兮奈若何"有担忧。

师：大家从这一首短诗中读出这么多的情感，了不起，但"力拔山兮气盖世"是自豪吗？

生11：我认为不是，好汉还不提当年勇呢！

在人生处于败局之时，吟咏这一句实际上有今昔对比之意。项羽心有不甘，又无法改变实际，是表现其内心痛苦。

师：有意思，你的这种说法文中有依据吗？

生11："于是项王乃悲歌慷慨"，一个"悲"字尽显其心境。

生12：老师，前面还有几句"项王夜起饮帐中，有美人名虞，常幸从，骏马名骓，常骑之"想到这些项羽肯定处于回忆中，想起那时是何等威风，而现在"四面楚歌"身处重围，自然悲从中来，因此我同意生11的说法。

生13：即使是这样痛苦之时，项羽也想到身边之人虞姬，足见其是个重情感的人，用今天的话说是个"暖男"。（同学们大笑）

生14：还有"左右皆泣，莫敢仰视"，这是从侧面表现其悲惨处境也印证了他重情的一面。

师：能否详谈？

生14：在这样的时刻左右还未逃，足见其忠心；见项王哭亦泣，足见其左右对项羽的坚定支持。只有平日项羽善待身边人，身边人才会有如此表现。

师：能设身处地分析人物，很好，那么这一段中仅仅是表现其重情吗？

生15：还体现了项羽轻信他人的性格特点。在本段中实际上是张良设计"四面楚歌"来瓦解楚军心，项羽大惊，"汉皆已得楚乎，是何楚人之多也"。项羽不明就里，自瓦军心，动摇其意志。

师：人物性格带有稳定性，项羽这一性格特征在《鸿门宴》是否有体现？

生16：《鸿门宴》中项羽先轻信曹无伤，后又轻信项伯，轻信他人是其性格弱点。

生17：还有我们可从文字中看见其勇猛的影子，虽处被围仍见其精魂。

师：这一点也能看出来？

生17:"兵少尽食,汉军及诸侯兵围之数重",一个"数重"体现出汉军仍很忌惮他,怕围不住,其勇猛形象还在震慑着敌人,实际上下文表现得更直接。

生18:还有为帅者的镇定从容。项羽面对四面楚歌却夜起饮酒,足见其有临危不乱的从容。

这一段师生对话精彩,一以贯之,是一个整体,是这节课的高潮,可圈可点,教学的着力点都在语文学科的肯綮上。项羽的思想情感变化,在这一段阅读分析中丰富,项羽的文学形象,在这一段师生对话中丰满。在这个环节中,教师殷切真诚的态度,热情由衷的鼓励,关键处引导,必要处提示,步步为营推进课堂,学生则在字词句中逗转来回,把自己的看法发表完整,对"文学形象"有明确的认知。

从语言的角度看,本课教学始终紧扣文本,由"悲歌慷慨"起,至"兵少尽食,汉军及诸假兵围之数重"结课,师生关于人物形象的交流都在具体的字词句上,既识记了文言词语,又理解了在文中的意义,不留硬痕,课上得自然、流畅。从思维的层面,教师引导学生联系注释,联系《史记》创作者对于项羽的尊重态度,学生分辨"穷途末路"一词使用的正确与否,培养学生联系和辩证地看待问题的思维方法;从审美的层面,引导学生感受"悲壮"与"慷慨",在细品"力拔山兮气盖世"一诗中凸显这位悲剧英雄的形象。

三、品词析句见功力,文化浸润有空间

钱梦龙老师说:"品词析句是语文教师的看家本领。"张老师是具备这个本领的。但课堂是遗憾的艺术,再好的课堂也会因为时间、空间以及教师自身的因素而留下遗憾。这节课也是一样,亮点很多,但个人读来还是觉得有再提升的空间,此处写来,是为吹毛求疵。

读完全部实录后,理性分析有余,情感酝酿不足,是我的感受。

正如在实录中学生所表达的一样,司马迁写《项羽本纪》是怀着无限的敬意的(学生表达为"尊重",个人觉得这个词用得轻了点),《项羽之死》是高潮部分,其中深沉的感情在字里行间的涌动应该带领学生去感知,尤其是"垓下之围""四面楚歌""霸王别姬",每四个字,慨叹自己时运不利,恋恋不舍地与名骓、虞姬诀别,末路英雄的悲凉与无奈尽在其中。但在下面这个

片段中，我们没有和作者共情，而仅仅表达的是"路人"的评论，冷静中少了些人文浸润。

生13：即使是这样痛苦之时，项羽也想到身边之人虞姬，足见其是个重情感的人，用今天的话说是个"暖男"（同学们大笑）。

生14：还有"左右皆泣，莫敢视王"，这是从侧面表现其悲惨处境也印证了他重情的一面。

师：能否详谈？

生14：在这样的时刻左右还未逃，足见其忠心；见项王哭亦泣，足见其左右对项羽的坚定支持。只有平日项羽善待身边人，身边人才会有如此表现。

师：能设身处地分析人物，很好，那么这一段中仅仅是表现其重情吗？

生15：还体现了项羽轻信他人的性格特点。在本段中实际上是张良设计"四面楚歌"来瓦解楚军心，项羽大惊，"汉皆已得楚乎，是何楚人之多也"。项羽不明就里，自瓦军心，动摇其意志。

这个环节是凸显项羽这位悲情英雄的高潮点，生13继续延用前面学生对项羽定位为"暖男"时，实录注释此时"同学们大笑"，由此可见课堂上师生都入文而没有共情，而共情是文学作品阅读的意义和价值所在，阅读中体会，阅读中思考，阅读中成长，项羽这时不是一个令人舒适贴心的"暖男"，而是一位重情重义的末路英雄，"暖男"的评价显然是不准确的，教师如果能够就这个问题带领学生细品"左右皆泣，莫敢视王"八个字中深重的情意和伤悲，以人文的视角就"泣"与"莫敢视"进行反复的朗读，深入的体会，也许课堂上除了理性的思想火花碰撞，还能够有一股英雄气在回荡。

年轻的张敏老师在探索语文教育的有效路径，他的课例带给我很多的启示，期待张老师更多的优秀课例，他这样一路坚持写"札记"，一定能在语文的舞台上跳出最美的舞蹈，祝福张老师！

（作者系云南语文特级教师，正高级教师，昆明三中语文教师）

15. 在动态生成中"裸"出精彩

——《子路、曾皙、冉有、公西华侍坐》教学札记

"裸课"虽"裸"但含金量十足。因为它追求的是课堂教学的真实与出色。一堂真实与出色的课，其价值是在动态生成中完成教学目标，不打磨、不彩排，在真实的呈现过程中提升学生思想境界和促进学生精神的生长。

时下的公开课，执教者往往课前反复磨课、彩排预演不断，课上声光电交相辉映、形色诱人，最后上演的可能是一堂形式精彩纷呈、观感很好的课。姑且不论它是否是教学的常态。如果这样的课堂是通过生成来丰盈和生长学生的思想与精神，我们或许不该非议。可是现实中，这样的课往往展示的是课堂的虚假繁荣。课前精心的预设、反复打磨，课堂上展现的不是学生成长，而是老师较高的个人素质。课堂主体不是学生，而是教师。于是人们不禁会问：课堂的意义在哪里？教学的旨归在何方？这或许是张祖庆先生呼唤"裸课"的原因。

那么，以提升学生思想境界，促进学生精神生长，展现学生真实生命状态的"裸课"应该怎么上呢？我想除了抛开课前反复的排演、过分精细的预设、各种多余的道具外，更应该在课堂上动态生成，引领学生从语言文字出发，用心品味鉴赏，在品味鉴赏中碰撞思想、生长智慧，进一步亲近文本，走进作者心灵，融入作品境界。因为只有通过课堂上动态生成的过程，才能检测到学生思想与精神是否真正得以提升与生长。这样的课堂才凸显学生主体地位，体现教学之真正价值，也只有这样的课堂才真实而自然。

下面是我在教授《子路、曾皙、冉有、公西华侍坐》中的教学片段。

师：同学们过去学习过《论语》中的不少篇章，对于孔子和他的学生想必一定不陌生。今天我们再来学习一篇。（板书：课题）

师：大家先来看题目，请谈谈你的理解？

生1：题目的意思是四个学生陪长者闲坐。这里的长者就是孔子。

师：也就是四个学生同孔子老师闲坐，你们有过这样的机会没有？

生（笑）：没有。

师：有过同老师的"亲密接触"吗？

生（大笑）：有。

师：那是什么样子？

生2：接受批评或谈心，老师坐着，我们站着；老师讲着，我们听着。

师：那么，你们赶快看看孔子是怎么同学生"亲密接触"的。

众生默读约五分钟。

师：大家看到了什么？

生3：这是一场师生之间的闲坐闲聊。

师：请大家注意这是闲聊吗？

生4：不是闲聊，是孔子问学生志向，学生言志，老师评志向。（板书：问志—言志—评志）

师：何以见得？

生4：文章的开头，子曰："以吾一日长乎尔，毋吾以也。居则曰：'不吾知也。'如或知尔，则何以哉？"接着子路、冉有、公西华、曾皙分别说出了自己的志向，在子路说说完后，"夫子哂之"，曾皙说后，"夫子喟然叹曰：吾与点也"。在曾皙的不断追问下，孔子曰："为国以礼，其言不让，是故哂之。唯求则非邦也与？安见方六七十，如五六十而非邦也者？唯赤则非邦也与？宗庙会同，非诸侯而何？赤也为之小，孰能为之大？"对众学生的志向进行了评析。

师：谈志向问题，是小问题吗？

生：不是。

师：那为什么看似是闲聊呢？

生5：这是因为孔子创设了一种宽松的氛围。（板书：宽松）

师：何以见得？

生5：标题里有"侍坐"，文中也有"点，何如？""鼓瑟希，铿尔，舍瑟而作"，孔子问其他人志向时，曾皙在做自己的事，孔子也没有责备他，可见

孔子尊重学生，没有对学生设置过多的条条框框，想必孔子老师的课堂上大家较自由。（板书：尊重、自由）

师：能从文字中找依据，思路正确。那么大家看看孔子尊重学生，学生们又是如何表现的呢？

生6：尊重是双向的，孔子尊重学生，学生也尊重老师。（板书修正为双向尊重）

师：能否说得清楚些。

生6：从标题就可以看出，四个学生"侍坐"。

师："侍坐"是什么意思？

生6："侍坐"是陪侍长者闲坐。

师：是什么样子。

生6：（抓头，笑）这个我说不清。

师：我们没见过"侍坐"，肯定见过"侍女"。

生6：老师，我明白了。那是恭敬地坐，这一种态度体现了学生对孔子发自内心的尊重。还有曾皙"舍琴而作"来回答老师的提问也体现了这一点（众生略作思考）。

师：尊重是双向的，只有双向的尊重才能进行有效的交流。这种尊重在文中还有体现吗？

生7：孔子问志后，学生积极言志，这本身就是对孔子的尊重。

师：是啊，不像有些时候，我问完问题后大家知道也不说，那可是对我的不尊重哟。（众生笑）

生8：孔子在学生言志后简评或不评，在曾皙追问下才重评，这也是一种尊重，而且反复强调"亦各言其志罢了"。

师：那么孔子创设的这一种宽松的氛围，这一种对学生的尊重是刻意而为之吗？

生9：不是，非常自然。像我邻居爷爷同我闲聊。

师：闲聊的不是小问题而是言志，古人非常重视立志。孔子把这样一个重要的问题寓于闲聊中，又说明了什么呢？

生10：孔子高超的教育艺术。（板书：高超的教育艺术）

师：说到点子上了。

生11：老师，我觉得孔子化教育于无痕，这是大智慧化用，"寓褒于贬"可以说是"寓教于闲聊"。（板书：寓教于闲聊）

师：这的确是"寓教于闲聊"，孔子的教育艺术在其他地方有体现吗？

生11：开头一段，孔子鼓励学生言志，用了"以吾一日长乎尔，毋吾以也。居则曰：'不吾知也！'如或知之，则何以哉？"体现其善于启发诱导。（板书：启发诱导）

生12：孔子在学生言完志后，根据学生特点作为评价，这里体现了其因材施教的思想。（板书：因材施教）

师：能否具体谈？

生12："子路率尔而对曰"后，夫子哂之，子路这个人较性急，一个"率尔"体现其鲁莽，孔子用一个"哂之"，一个耐人寻味的"笑"对其实施教育，想必子路也会因笑而反思内省。

生13：同样是学生，在曾皙言完志后，孔子马上表明自己的观点："吾与点也。"从文章看，一个"鼓瑟希，铿尔，舍瑟而作，对曰：异乎三子者之撰"的曾皙，应该是一个较内向，又不太争强好胜的人，对这样的学生，孔子发声直赞，也体现了其育人的人师角色。（板书：人师）

师：生13这里为孔子戴了一顶"人师"帽子，人师的职责是什么？

生14：人师的职责就是育人，孔子育人除了引导学生在成人上的生长外，实际上本文还在于引导学生立德。（板书：育人、立德）

师：大家能否细谈？

生14：这主要体现在孔子对两个学生志向的评述中。孔子评子路用了一个"夫子哂之"，评曾皙"吾与点也"，实际上这两个学生展现的是两个不同的世界。子路的世界中是战争饥荒，曾皙的世界里是安乐祥和。

师：为什么一个"哂之"，一个"与之"。

生15：子路突出的是自我的能力与作用，曾皙向往的是天下和谐安乐，子路境界低些，曾皙境界高些。

生16：还有子路对自己能力过分夸大，没有正确认识自己，而孔子知道，所以"哂之"。

生17：老师，孔子不是教育家吗，为什么不像现在的老师一样立即点评一下冉有和公西华呢？

师：大家说说。

生18：公西华、冉有的志向同子路一样，都是突出个人在国家事务中的作用，没有本质区别，只是程度范围不同而已。

生17：既然这样，为什么孔子"与"曾皙，而不是"与"其他人，"治国理政"积极入世不是儒家的主张吗？况且曾皙好像是道家的主张。

师：这个疑问有点意思，大家怎么看？同学们议一议。

（思考讨论后）

生19：我也觉得曾皙有点像老庄，而且他还亲自说"异乎三子者之撰"。

生20：我觉得思考这个问题还是要从文本出发，老师先前不是教过我们要知人论世吗？

师：这个方向正确。既然大家明白要知人论世，不妨从孔子生活的时代谈起。

生21：大家知道，孔子生活在春秋末期，这是一个大变革时期，由奴隶制向封建制度过渡，这样一个时期诸侯国一定不太平，为百姓想，孔子想天下安定。

生22：曾皙是一个比孔子小42岁的学生，因此本文的师生对话应发生在孔子晚年。晚年的孔子心态上应有一定改变，他青壮年时一门心思入世，却在周游列国中处处碰壁。社会发展朝周礼方向已无望，因此"喟叹曰：吾与点也"。一个喟叹也可看出孔子的无奈。

生23：我觉得这一点正是孔子作为大教育家的体现，曾皙明确提出不同志向，孔子却"吾与点也"，他具有包容性，不用一把尺子量学生，这是可贵的。（板书：包容、不用一把尺子量学生）

生24：我觉得其可贵之处还在于不论学生境界高低仍说"亦各言其志矣"。在曾皙的追问下，晚年无奈的孔子仍在评述其它两位学生时流露出了儒家"明知不可为而为之"的担当精神，我想这一点更可贵。（板书：担当）

师：同学们用心品读文字，一步步走进了孔子心里，作为教育家和政治家的孔子形象在我们心里逐渐丰富起来。我想在今后的人生征途中，大家一定会深受感染，有所领悟，带着孔子留给我们的精神财富一路前行。下课。

这是高中选修教材上的一篇经典文章，对于《论语》中的文章，我常采取深文浅教的方法，因为人生的许多智慧，没有阅历的青年学生是较难领悟的。因此教学这篇文章时，我定位于同学生一起来探讨师生关系这一眼下大家较为关注的问题，旨在探讨今天我们怎么做老师，如何做学生。

课堂一开始就是很随意地从文章标题入手，充分调动学生的生活体验，激发学生兴趣，引导学生从品味文字入手快速进入文本，掌握本文行文思路"问志—言志—评志"。再进一步引导学生从文字出发分析孔子形象。孔子宽松民主、尊重包容、善于启发诱导、因材施教的形象，无不是学生在课堂上从对文字的品味的动态生成过程中收获的。在这一动态生成过程中，学生对孔子作为人师的教育家的形象有了直观而深刻的理解，在潜移默化中学生精神与思想得以生长和提升。我想这一节课算得上裸课。

当然，这一节课也有明显的不足，教学过程中对文与言的关系未能有效地处理好。整堂课重文轻言，对文本的情感态度与价值观挖掘较好，但对文中的文字解说不到位，忽略了相关的文化常识，弱化了文言文的韵味与魅力。这或许就是"裸课"的真实，也是"裸课"值得进一步探讨的价值所在。

（原载《读写月报》（语文教育）2016年第9期）

【点评】

自由呼吸的课堂

陈淮高

课堂的状态有很多种，或静默深思，或唇枪舌剑，或死气沉沉、了无生气。观摩张敏老师的课堂教学，我不禁抚掌称绝，因为这是一节可以自由呼吸的课堂。课堂上，师生始终处于积极思考、自由展示自己所思的状态，师生们在思维的相激相荡中不断提升认识，课堂的魅力由此产生。

一、巧选话题气氛活

课堂的有效性首先在于教师教学内容的选择，本节课张老师以《子路、曾皙、冉有、公西华侍坐》为依托，师生共同探讨文本中体现的"师生关系"。可以说，这个学习话题选择灵活、适宜。

一者，本文就孔子与弟子们的"志向"展开了一番对话，且通过弟子们"言志"、孔子"评志"解读出自由舒适的师生关系。课上，张敏老师因课设置话题，也是对文本的尊重与创新，是与孔子创设的宽松教学氛围相呼应的。

二者，"师生关系"这一话题，让学生有话可说，本来也是最贴近学习生活的话题，学生可以畅所欲言。学生在张老师的引导下，从课文的细节入手，仔细分析了标题"侍坐"、言志时曾皙在做自己事情，孔子未加责备，看出师生关系的自由及相互尊重。学生从孔子所说的"何伤乎？亦各言其志也！"看出孔子教学的民主，对学生所回答内容的包容、接纳。

三者，在师生看似闲聊中，提炼出人物鲜明的个性及孔子作为大教育家高超的教育艺术。学生能从"吾与点也"看出他的包容性，不用一把尺子丈量学生，展现了他高尚的教育情怀。此外，学生能从孔子对其他两位学生的点评中看出晚年孔子"明知不可为而为之"的担当精神。

总之，孔子师生关系、学生的人物性格、孔子的教育智慧及情怀都是在闲聊志向时展现出来的。张老师能敏锐地捕捉到"闲聊"的价值，巧妙选点，激发学生的求知欲与表达欲，目标水到渠成地完成了学习任务，大有"四两拨千斤"的巧慧。

二、激发思维千重浪

判定一节好课的标准有很多，有的侧重于预设，有的侧重于生成；有的侧重学生情绪调动，有的侧重于课堂节奏把控，有的侧重于学生素养的提升，有的侧重于学生技能的习得。但是，不管怎样的课堂，如果能激发学生的思维，让生生之间相互质疑、解疑，课堂形成一种此起彼伏的思维浪潮，不断推进学生的认识，我认为就不失为一节好课。张老师的课堂就是这样的。

首先，我们注意到在课堂上，当张老师抛出一个问题：为何一个"哂之"，一个"与之"。一生回答"子路突出的是自我能力与作用，曾晳向往的是天下和谐安乐"，两者境界不同。另一生马上追问：孔子是个大教育家，为何不点评冉有及公西华？这个问题问得好，他道出了别人未思的疑问，可见是个爱思考的孩子。经过大家讨论，学生们明白了公西华、冉有的志向与子路一样，突出个人在国家事务中的作用，没有本质区别，只是程度范围不同。这个问题的回答，说明学生能够通过较繁杂的表象认识事物的本质，并且准确比较了两者的异同，可见思维品质的提升。

接下来，学生的发问更为精彩：既然这样，为何孔子"与"曾晳，而不是"与"他人。孔子主张积极入世，可是曾晳的主张似道家。这个问题很有难度，可是学生们总是有办法的，一生立刻主张从文本中找答案，显然，这是平时教师教导所得。于是，学生结合孔子生活的时代，春秋末年社会动荡，为百姓着想，孔子想安定天下。另一学生立刻补充，从孔子本人思考，认为晚年的孔子在周游列国四处碰壁时，社会发展已经不可能恢复周礼，因此赞同点，可见他的无奈。这位同学思维缜密，回答问题头头是道，条分缕析。他不但结合背景回答出原因，还分析出孔子的内心，真是聪慧善思。

此外，张老师还适时抛出问题，将课堂学习推向深处。老师问学生："子路、冉有、公西华三个人都主张积极入仕，参与政治，渴望有所作为。但他们也有一定的区别，能否具体说明？"同学们经过短暂思考和讨论之后，有同学指出"子路侧重强国，冉有侧重富民，公西华侧重以礼治邦"。老师又顺水推舟询问道："这节课能从中看出孔子怎样的教学风格？"同学们回答是精彩纷呈，有的说体现孔子有教无类，有的说孔子民主平等，有的说循循善诱，有的说因材施教。可以说，这一节课处处是思维火花的绽放，也是深文浅教的典范。它凸显了教师指导学生文本阅读的深浅和提出问题的质量，也有效地训练了学生的批判性的思维能力。

总之，张敏老师这节课生生之间的互动，思维不断被推动，向前，向前！是一次思想的大碰撞，思维能力的大提高，由此掀起了课堂的讨论高潮，是一节给人很多启发的难得的好课！

（作者系江苏特级教师，正高级教师，江苏清河中学语文教师）

附录

静水流深，方见其真

——《沙之书》听课札记

台湾作家林清玄说：一个人面对外面世界时，需要窗子；一个人面对自己时，需要镜子。这些年，一直寻寻觅觅，我忽然发觉肖培东老师的课堂便是这样的窗子和镜子。透过肖老师的课例，我们便会望见语文的边界，领略到课堂的风景。在欣赏风景与拓展边界的进程中，语文人便会寻觅到语文教学的真谛，真切地感受到黄沙散尽始见金的喜悦。

肖培东老师出过一本书——《我就想浅浅地教语文》。书名挺好玩。"我就想"是一种态度，也是一种追求；这种追求似乎十分坚决。"浅浅地"是一种方式，更是一种理念，关乎"怎么教"。记得钱梦龙老师曾这样告诫青年语文教师："老老实实地学，简简单单地教。"肖培东老师的"浅浅地"，大概就是钱老口中的"老老实实""简简单单"吧。"教语文"是教成语文课，而不是其他什么课。这样的课堂要姓"语文"，而不能姓其他。肖培东老师把这三个字放在最后，或许认为，这是底线。如果语文老师把语文课上成非语文课，则不可饶恕。不知道我这样的诠释，是否偏离了肖培东老师的本意。不过，作为钱老的弟子，我觉得肖培东老师在绍兴鲁迅中学上的《沙之书》的确很好地践行了钱老"简简单单教语文"的思想。整堂课从学情出发，始终关注学生的学，由浅入深，化深为浅，行云流水，让听课教师耳目一新、为之雀跃，真可谓"静水流深，方见其真"。

一、尊重学情，真正以学生之"学"为旨归

课堂，即学堂。课堂教学的落脚点，在学生的"学"。只有真正着眼于学

生的"学","教"才有价值与意义。这种"以学生为主体"的思想正是钱梦龙老师"三主"思想的核心。这一点在肖培东老师的课堂上表现得尤为突出。上课伊始,肖老师通过简单的对话了解到学生并未读过这篇小说以后,直接安排时间,让学生熟读文本,教学便从读书开始了。

师:小说已经读完了的同学请举手(没有多少人举手),好,再等两分钟,不急。(几分钟后)小说读完了就把手举起来。现在我问一下,你们读完小说之后最贴切的感受是什么?好,这个同学。

生:有点深奥。

师:有点深奥?你是指小说的内容还是什么?

生:内容不深奥,但不知道他想表达什么。

师:哎,这个话说得好,内容不深奥,但就是不知道想表达什么意思,要的就是这种感觉,这就是博尔赫斯小说的感觉。既然内容不深奥,那你能不能来说一下,《沙之书》这篇小说讲的是怎么样的一个故事?

生:有个人在家,有个人过来推销这本书,这本书特别奇怪,然后我买下了这本书。又害怕它,要把它藏起来,把它放在一个阴暗的角落里。

师:这个阴暗的角落是在一个图书馆里面,对吧。好,请坐,这个同学说得好,在这么短暂的时间里就能把这篇小说的内容较好地表述了出来。小说内容确实不深。当然,你在转述的时候,最好要说明这个"我"是谁。是不是作者?不是,是谁?一个退休的图书馆馆员,从一个陌生的《圣经》推销者手里买下沙之书,沉迷于它的神秘,陷入了一种恐怖中去,后来把书放在了图书馆一个角落。那么来看第二个问题,内容不深奥,那么什么深奥呢?(学生说主旨等)主题思想。好,这个女同学来说一下,你读完之后的感受是什么。

生:(把小说内容重复了一遍)

师:你把这个内容重复了一遍,但不代表是你对小说主旨的理解。我们应该回答的是,读完这篇小说,我们是怎么理解它的主旨的。好吧,没事,你来说一下。

生:没读懂。

这样的课堂,没有一些公开课所谓的精彩导入。课堂上肖培东老师不怕学生花时间读文本，即使好几分钟后，还有许多学生未读完时，他还安慰学生，"再等两分钟，不急"。当全体学生读完后，肖老师用一句很随意的话，提出了这堂课的第一个主问题：你们读完小说之后最贴切的感受是什么？由此，进一步明晰学情，准确确定"教什么"，即教学内容——探讨小说的主题。因为，这一点学生说不清、道不明，而这恰恰是课程目标，也是《沙之书》教学的重点。从学生不懂的地方切入，能有效地调动学生的学习激情。课堂上，学生始终主动参与、积极思考与表达，与这样的切入不无关系。等到学生有了探究的欲望后，肖培东老师又提出了另一个主问题："沙之书"是一本什么书？课堂于是生动和鲜活起来，学生在思考与探讨的过程中开始真正走进文本，不断向文本更深处漫溯。

二、紧扣语言，着力突出提升学生语文素养这一目标

王荣生在《语文科课程论基础》中写道："'教什么'全凭教师依学生所遭遇的具体问题和困难在现场产生，'教什么'的得当与否几乎完全依赖语文教师的教学机智和对学生需要什么的诊断能力。这无疑为优秀教师创造了最广阔的空间，本质上也能产生最切合学生听、说、读、写实情的语文课程内容。但是，它有一个致命的软肋，那就是对语文教师个体的完全依赖。如果教师的语文能力和教学能力达不到可依赖的水准，如果教师没有足够的教学机智和诊断能力，甚至根本就不能把关注点放在学生听、说、读、写的实情关注，那么就不可能产生适当的教学内容。"一段时间以来，由于不少教师缺乏对语文课程内容的精确把握，语文教学领域出现了各种"异化的语文课"。但是肖培东老师的课堂不掺杂质，老老实实围绕"语言的理解与建构"这个学科核心素养来展开课堂双边或多边活动，老老实实落实听说读写的目标。钱老曾用"这是名副其实的语文课"来评价《我就想浅浅地教语文》一书中的十六个案例。我想，这样的评价同样适用于肖培东老师执教的《沙之书》一课。

肖培东老师所有的教学活动都指向一个目标：理解与运用语言文字。课堂上的每一个教学环节都是围绕言语教学来展开的。例如在分析小说虚构的手法时，肖老师没有泛泛而教，而是引入学生熟知的"真实"这一概念，引

导学生思考：小说在写作过程当中，哪些手段让我们觉得读起来就是一个真实的故事呢？

师：无限！对，无限这个词可以概括它的特点。它是无限的，因为它神奇，荒诞等等。那么再想想看，这样一本书，在现实生活中，有没有？是不可能存在的。也就是说，这本书是作者虚构出来的。那么这样的话也就知道，这个故事是作者虚构出来的。但是作者写得好像就是在生活当中发生的一样。那么同学们，再思考，这么一个荒诞的、虚构的故事，博尔赫斯怎么把这个故事合理化？小说在写作过程当中，哪些手段让我们觉得读起来就是一个真实的故事呢？你觉得是什么？来，这个男同学你来说，这个故事为什么写得这么真实？

一同学说第一段。

师：这个同学敏锐地抓住了第一段，他发现这个第一段有很大的特点，是不是啊？写一些数学原理，然后还强调了一句话，一起来读读看。"如今人们讲虚构的故事时总是声明它千真万确；不过我的故事一点不假。"这句应该怎么读出令人信服的感觉，来，这个男生来读一下。

学生读完。

师：读得像不像？对，生活化的表达，如今人们讲虚构故事时总是声明它千真万确，不过我的故事啊，一点不假。来一起齐读。同学们有没有发现，这两个句子之间用的标点符号是什么？用的是分号，说明前后两个句子之间停顿要长一点，要读出那种故作深意的味道。来，那个同学来读。嗯，再沉住气一点，来，同学们，一起读一遍。所以，这个句子强调自己的故事是真实的。而且同学们还有没有发现第一段的特点，写故事居然在写什么？写数学，这是博尔赫斯写小说很常用的手法。用几何原理来说明。还有没有，除了开头的第一段，我觉得它强调真实以外，这个小说看下来，还有哪些地方增加了真实性。来，这个同学。

生：用了很多真实的人名、地名。

师：比如说？

生：奥尔喀达群岛、约翰·威克利夫版。

师：再看看这本书放在了什么地方？国立图书馆，这其实就暗扣博尔赫斯的生平经历，他曾经就在那里当过图书管理员。同学们，这就是一个很好的概念，尽量用生活真实的细节来增加小说的真实性。好，请坐，还有没有？

生：他选取了一件生活中很平常的事情，卖书讲价，给人感觉很真实。

其实，在肖培东老师的课堂上这样的教学片段比比皆是。肖老师总是带领学生细读文本、品味语言，有时哪怕是标点都不放过，都要从文字甚至语气中分析出情感、作者的用意等，在涵泳文字的过程中巧妙地落实教材目标，容思想、情感、情趣于一体，踏踏实实落实语言理解与建构的能力要求。

肖培东老师的课堂还有一个突出的特点，就是学生自始至终都在看书、读书，他把读贯穿于课堂教学的每一个环节。我国语文界泰斗叶圣陶先生曾说："（语文课）以读书为目的，老师能引导学生俾善于读，则其功至伟。"肖培东老师的课堂便是以读为先导，开始让学生整体默读，读出收获与疑惑，熟悉学情，梳理小说的情节；再以主问题"《沙之书》是一本什么书？"为依托，引导学生细读文本，不断走进文本深处；然后通过带读、范读揣摩人物的心理，理解小说主旨。

现在不少的语文课堂上，很难听到琅琅的读书声，即使是有，也是蜻蜓点水，秀秀而已。但是肖培东老师这一节课默读朗读同在、个读齐读共存，有时还有师生对读，感知比较表达效果，多种形式的朗读相互穿插，有序运用。整节课由读而入、因读而悟，始终是在朗读中推进对文本的理解与学习，在读中积累语料，形成语感，习得语言规律，发展和提升学生言语能力。

肖培东老师正是在这样的语言理解与建构中带领学生不断深入文本，从容达成课程目标。这种看似简单浅显的师生双边或多边活动，实际上关乎语文教学一个十分重要的问题——"怎么教"。肖培东老师用这样古老而质朴的方式告诉我们，浅浅之中有真谛。实际上，这样的"浅"是繁华落尽后的纯真，是绚烂至极后的质朴。这样的"浅"是一种境界，不是谁都可以轻易达到的。正如肖培东老师自己说："语文教学要以语言为核心，以语文活动为载体，以语文综合素养的提升为目标。这样老老实实地进行，扎扎实实地展开，本色教语文，使语文回归本真状态。"

三、着眼长远，课堂上鲜活的生命意识在流淌

刘祥老师说："语文教学要见自我、见天地、见众生。"实际上，这是一种极高的要求。要达到这样的境界，教者便不能忽视师生的生命状态，更不能不着眼于学生视界的拓展。

"见自我"便是见得着自己的教育思想，见得到自己尊重基本的教学之道、育人之道。肖培东老师的课堂总是依据学情确定教学内容，依据学生认知特点而确定教学方式，真正着眼于学生的学这个教学的根本。他的课堂上，没有喧闹的探讨，有的只是静默地读，真诚地交流。哪怕就是学生一时答不上、弄不懂，他也总是静待花开，时时处处总能让听者感受得到课堂上迸发出来的肖氏智慧。

"见天地"指的不只是语文的天地，而且还是人类文化与文明的天地。比如在这一节课的结尾，肖培东老师提出了一个问题：你会怎么去写小说的结尾？

生：我把书埋起来了，过几天想看看它，找不到了。

师：有一个想把书埋起来的想法。

生：我会一直研究这本书，研究，直到疯了。

师：会一直研究这本书，你不是一个逃避主义者，而是一个进取主义者。尽管到最后你疯了，但是我知道你这个疯是为了成功地将它研究出来而疯的。这也是一种答案。还有没有？

生：把它公之于众。希望大家一起来研究这个《沙之书》。

师：哎，你真是一个好孩子，让大家一起研究这个书。

生：没有结尾是最好的结尾。

师：没有结尾是最好的结尾，因为人生的命运不可测，好，请坐。同学们看看，这些同学的答案，其实大部分跟作者一样，都是虚无的，荒诞的，只有一个同学说要研究它，这也代表了我们对未来事物的一种进取之心。那博尔赫斯为什么不像我们同学一样，把这本书研究透了呢？为什么写自己研究了之后害怕、研究了之后恐惧，最后把它放在图书馆去呢？为什么采取一种逃避的态度？

生：逃避无限的现实。

（有学生轻声说"人太渺小"）

师：逃避现实。面对广阔无限，个人是渺小的，所以在这个终极面前，作为一个点的人，我们总会觉得自己非常无奈，非常自卑，非常渺小，这更符合我们人类的本性，真实性。如果《沙之书》代表无限，那么小说中的"我"就代表个体，个体面对无限那种无所适从的心理其实是我们大众普遍性心理。当然我也希望，在真实的人生当中，我们也有人果断地挣脱《沙之书》这个绳索的羁绊。这篇文章告诉我们，写小说虚构也要符合大众的心态，要符合人们的内心期待，这就是虚构真实的意义。（学生纷纷点头）

师：好了，最后一个问题。你能告诉我，《沙之书》的主题如果用《兰亭集序》中的话来说，你觉得哪一句话比较适合？王羲之在《兰亭集序》中有没有流露出个体面对无限那种害怕、那种迷茫、那种茫然的感觉呢？（学生思考）

生：仰观宇宙之大，俯察品类之盛。

师：仰观宇宙之大，俯察品类之盛。最初是乐事，可到了后来他发现，宇宙之大，品类之盛，是不是他穷尽生命能够感受得尽的呢？因此，文章后两段当中又有好些句子来写他的悲痛。来，大家一起齐读。

生：况修短随化，终期于尽。古人云："死生亦大矣。"岂不痛哉！

生：固知一死生为虚诞，齐彭殇为妄作。

师：固知一死生为虚诞，齐彭殇为妄作。后之视今，亦犹今之视昔，亦犹博尔赫斯视今天的我们。所以古今中外，面对无限，很多心理都是相通的，因为我们都要面对人生命运的《沙之书》。好，下课。

课堂上，经过这样的探讨后，学生便会在深入文本之后又能走出文本，回到真我世界，思考如何面对人生中的"沙之书"。不仅如此，肖培东老师还创造性地结合学生上节课学习的《兰亭集序》，点拨学生思考：王羲之在《兰亭集序》中有没有流露出个体面对无限那种害怕、那种迷茫、那种茫然的感觉呢？这样用已知解未知，沟通古今，连接中外，让学生跨越时空，从时间和宇宙视角思考审视《沙之书》，从而拓展学生思维的广度和深度，扩展其视界，在见天地的过程中窥见到众生世相。

（原载《读写月报》（语文教育）2018年第3期）

从新课标视角观照生成课堂

生成课堂是特级教师李仁甫首倡的一种新型课堂。它与"再现课堂"相对,"着眼于在教学现场""建构起一种真实的对话关系",在"关系与过程"[1]的建构中生成一种真实的课堂风景,追求生命在场的价值目标。这样的价值目标的确立,源自李老师真正着眼于合格公民的培养和人格精神的重塑这一师者情怀。

大家知道,语文教学尤其是中学语文教学历来饱受诟病。吕叔湘先生批评的"少、慢、差、费"现象至今依然存在,甚至有愈演愈烈之势。为此,进入21世纪以来,国家两次推进课程改革。前一次改革轰轰烈烈,各种语文主张满天飞。面对层出不穷的语文流派,一线教师茫然无从,甚至不少教师把语文课上成了政治课、历史课,课堂常常忽略语文学科的特性,导致语文味严重缺失。在这样的背景下,近两年来新一轮课程改革的号角再次吹响。

综合性和实践性是语文课程基本的特征。新课标(2017年版,下同)指出:"语文课程是一门学习祖国语言文字运用的综合性实践性课程。语文课程应当引导学生在真实的语言运用情境中,通过自主的语言实践活动,积累言语经验,把握祖国语言文字的特点和运用规律,加深对祖国语言文字的理解与热爱,培养运用祖国语言文字的能力;同时,发展思辨能力,提升思维品质,培育社会主义核心价值观,培养高尚的审美情趣,积累丰厚的文化底蕴,理解文化的多样性。"[2] 总之,这一轮课程改革是以"立德树人"为根本目标,它要求语文教学要紧紧抓住"培养人"这条主线。李仁甫老师倡导的生成课堂正是在这一背景下诞生的。生成课堂立足于语文学科特点,主张语文性,上出语文味,追寻一种生命在场的现场感和精神拔节的成长感。

一、把课堂当学堂——新课标视角下的生成课堂课型

课堂为谁而教？这是语文课堂课型定位的准绳，也是思考语文教学的起点。毫无疑问，课堂为学生而教。但时下不少被人津津乐道的公开课，有的展示的是教师独特而新奇的文本解读，有的展示的是色彩绚丽的课件制作，有的展示的是行云流水的教学设计。这样的课堂或是上给专家看的，或是上给同道看的，有的甚至是上给不懂行的领导看的。在这样的课堂上，丝毫不见学生生命的律动。扪心自问：这样的语文课堂真实吗？是常态吗？

语文课堂到底应该是什么样子呢？其实，还真不好下结论。但是，真正的语文课堂究竟应该有哪些要素，是可以说清的。语文课堂应该以培养学生学科核心素养为目标。新课标指出："学科核心素养是学生在积极的语言实践中积累与构建起来的，并在真实的语言运用情景中表现出来的言语能力及其品质，是学生在语文学习中获得的语言知识与言语能力，思维方法和思维品质，情感、态度与价值观的综合体现。"[3] 它主要包括语言建构与运用、思维发展与提升、审美鉴赏与创造、文化传承与理解。我想真正的语文课堂应该包含语文核心素养的四个方面。值得注意的是，新课标特别强调言语习得的真实场景，着眼于在真实的运用情景中提升学生语文能力与思维品质。这样的真实运用情景，必定排斥线性课堂以及全程预设。因为在真实场景中发生的哪怕是一些细微的事件，都有可能把课堂引向陌生与意外。这种真实的课堂教学符合语文学科特点，遵循了言语习得规律，是运用语文知识解决语文问题教学观的体现。基于此，上常规课便成为新课标背景下语文课堂的必然选择。

一般来说，常规课有两种含义。一种是和公开课相对的一种课型。公开课更多的是一种展示课，课堂上热闹无比，各种"秀"粉墨登场；多数公开课旨在炫耀教师素养，体现对学生实施素质教育。常规课扎扎实实，安安静静；多数常规课旨在上完教学内容，服务于训练与考试。另一种常规课遵循语文学科的教学规律，遵循言语习得的规律，老老实实在真实的语言实践中发展学生学科核心素养，实现语文课程目标。

这里论及的常规课，显然指的是后一种。李仁甫老师提出的生成课堂与

这样的常规课不谋而合。李老师认为:"生成课堂的特征是精彩、灵动、奇异,教师不急于备课,真正以学生为主体,把学生的自学当作教育的原动力,以学生的需要为大原则,根据学生的需要进行大变通,对学生的自由提问绝对不干预,必须在解决所有问题后才对达成的共识做进一步的整合,与学生分享话语权,完全把课堂当成学堂。"[4]

"完全把课堂当成学堂"便是真正意义上的常规课。它以学生的学为中心,依学定教,围绕学生的"学"来设计、组织课堂教学,在具体的教学语境里带领学生学习与运用语言文字。这样的常规课真正实现了学生的主体地位,真正营造了真实的言语习得情景,有助于学生在真实的语言运用情景中提升言语能力及思维品质,优化思维方法,体现感情、态度与价值观,达到以文育人、以文化人的课程目标。

李仁甫老师倡导的生成课堂往往通过对话、讨论、活动等手段,让师生发生各种关系,让课堂上演"真实的情景剧"。学生参与其中,能真正体验知识、交流感情、碰撞思维。这样的课堂尊重了课堂的客观性,重视关系的营造与过程的推进,有动态现场感,有生命在场的存在感。在这样真实复杂多元的课堂中,会出现大量的意外与陌生,会随机生成风景,时刻传递智慧,学生在这样的课堂里会实现生命与智慧的同步成长。

二、让学习真正发生——新课标视角下的生成课堂目标

新课标在课程内容部分明确规定了18个学习任务群,每个学习任务群都包括学习目标、内容以及教学提示。仔细阅读便会发现,这些目标、内容以及教学提示有一个相同的价值指向:让学习在课堂上真正发生。

什么是学习呢?既然要学习,"学"的内容便是未知的,学便是发现未知;习是实践已知,并在习得的基础上感知新知。合起来学习便是学习未知、实践已知、感知新知的一个过程。课堂正是学生学习未知、实践已知、感知新知的动态过程。这里的学习包含两部分,一是学习知识的过程,二是训练思维的过程。基于此,新课标设计的18个学习任务群,既是学生学习知识的过程,又是训练学生思维的过程。在这一动态过程中,学生学习才能真正发生。

李仁甫老师的生成课堂目标，便是让学生学习在课堂上真正发生。课前，他主张"弹性预设"，提倡教师在课前不做设计，侧重课前预备，即"做课堂教学的备料"[5]，课堂随学生学习的真实过程深入推进。

当然，为了保证课堂推进的有效、持续、深入，李仁甫老师认为课前不仅应有教师的预备，还应该有学生的预学，而且这种预学还是深度的。如何预学呢？一句话，学贵有疑。朱熹曾说："学贵有疑，小疑则小进，大疑则大进。"上课前，教师要让学生发现其看不懂的、有疑问的内容。课堂上，教师要围绕学生的疑问而教、而引、而导，这些疑问处便是真正需要导引学生学习的地方。这些学生不懂的地方很多时候便是教学的难点、重点。教师围绕疑惑处教学，学生也才有兴趣听；学生有了疑惑与思考，课堂才有智慧生成。

怎么深度学习呢？李仁甫老师介绍了具体的措施。一是跟踪性检查。课前学生完成自学，教师安排答疑。二是要求学生课前带任务、目的进行自学。三是间作性设计，给学生留下学习的空间与时间。同时李仁甫老师还教给学生预学的方法，诸如打惊叹号、问号、省略号等。再如提供读文本的方法，使学生深度预学有事可做、有法可循，从而有得有疑，开启学生学习动机，激发学生学习兴趣。

通过深度学习，学生容易产生"互联"现象，而"互联"现象在学生脑海里一旦产生，课堂上真正的学习便会发生。为保证课堂真正有效、学习真正发生，李仁甫先生还提出了"汇学"[6]这一概念。所谓汇学便是把各自单独在某个领域深度预习的疑问分类提炼概括出具有共性的问题集中起来，供教师进一步备课、学生相互学习和交流经验，促进学生集体思考探讨，从而确保学习真正发生。

三、把教学引擎交给学生——新课标视角下的生成课堂路径

新课标基本理念之一便是"加强实践性，促进学生语文学习方式的转变"[7]。因此，语文课堂要突出实践性，注重创设情景让学生运用语言文字，并在运用中提升语言能力，发展语文思维。新课标还要求："语文课程还应当适应当代社会的发展要求，为培养创新人才发挥重要作用。要引导学生在语言文字运用的过程中发现问题，培养探究意识和发现问题的敏感性，探求解

决问题和语言表达的创新路径。"[8] 要达成上述目标，就必须着眼于课堂，让学习在课堂上真正发生。

如何保障学习在课堂上真正发生呢？换句话说，达成生成课堂目标的路径是什么呢？李仁甫老师给出了清晰的答案：把教学的引擎交给学生。什么是教学引擎呢？所谓"教学引擎就是带动和推动其他教学环节的先行性、关键性的教学环节"[9]。一堂语文课要深入推进，传统的做法就是教师设置一系列的问题，以问题来推进课堂。生成课堂也是用问题来推进，但不同的是这些问题多源于学生对文本的原初感受，有的源于击赏处，有的源于疑惑处，有的源于对文本的争鸣。总之，生成课堂上的问题多是由学生提出，教师依据学生问题机智处理、同学生一起推进课堂。

这样的课堂真正尊重学生的主体性，真正重视学生课前"预学"和课堂"汇学"的成果，促使学生在学习过程中逐步形成思维上的"愤悱"状态。同时，教师由于有课前的预备，又见证了课堂上学生的思考，这样便能更加从容地应对课堂上的学与教；学生自己经历了思考及同伴交流后，便会多维观照文本语言形式，师生从而均以互联的状态进入课堂。同时，由于教师熟悉学生学习的真正状态，加之对文本又有了新的认知，便可以更加准确地聚焦教学的重点和难点，有效促进学生的学习。因而从这个意义上说，生成课堂上的互联与聚焦又是促进学生在课堂上学习真正发生的教学杠杆，也是落实教学引擎真正掌握在学生手上的一种内在要求。

教学引擎一旦让学生掌握，如何操作便是焦点。为此，李仁甫老师总结了八种常见的操作方法，分别是提问与讨论、分享与交流、表态与辩论、朗读与议论、主持与探讨、讲课与讨论、批注与交流、观察与讨论。这些操作方法着眼于学生的"学"。学习的主体是学生。特级教师黄厚江说："学生自主学习和探究学习的最明显特征是学生自己能提出问题，并在一定的程度上能解决问题。"[10] 生成课堂上的问题，来自学生的最多。经过课前的预学，课堂上的汇学，学生思维处于"愤悱"状态，学生问题便会比较多，而且比较有价值，在这样的基础上容易推进课堂教学。这也是李仁甫老师把"提问与讨论"放在第一位的原因。可以说提问与讨论是开启生成课堂的关键一步。离开了提问与讨论，生成课堂便举步维艰，难以深入。当然，因为文体不同，教学内容各异、教学对象不同、执教者课堂驾驭能力有别等诸多因素，在具体教学中这些操作方法常使用一种或者几种，甚至交替使用，有时在课堂上需要探索出七种之外的方法。但是，不论何种操作方法，均需指向学生的"学"。运用这些操作方法便是让学生有兴趣学、懂方法学，学而有思、学而有得，让学习在课堂上真正发生。

为了让学习在课堂上真正发生，生成课堂还有相应的生成策略。任何课堂都需要有支撑性策略，与"再现课堂"不一样，"生成课堂上的支撑性策略是以增量的、激进的方式出现"[11]。在具体的课堂教学中，生成课堂常用三大策略来推进课堂的深入。一是基于关系和理解的对话。生成是在关系的理解与过程的推进中形成的。课堂上教师把教学引擎交给学生以后，学生的主体地位便会彰显，这时课堂主要是以对话的形式推进，生生对话、师生对话或学生与文本之间的对话。在这样的对话中，学生定会加深对文本的理解，构建起不同的关系，促进学习的深入。二是课堂上的合作。合作本身便是一种关系，也应有相应的呈现过程。课堂上学生一旦合作起来便会产生"1＋1＞2"的生成效果。学生会在合作中主动交流，知不足、明方向，在互助中达到智慧生长、思维能力提升的目标。当然，课堂合作也需要预防乱而无序。合作应有规则约束，教师要探索可行性强的合作机制，避免因作生乱。三是多种形式的探讨。语文课堂上要"探求解决问题的路径"[12]，便离不开讨论。明确观点、统一意见需要讨论；学习上的不少问题，只有讨论起来，学生才明白源头在哪里，解决的路径也才会清晰。因而，讨论是生成课堂的常态。当然讨论形式可以多种多样，分享与交流、批注与交流是讨论，辩论、议论也是讨论。课堂上讨论应不拘于形式，应以解决问题为目标，学生在解决问题中运用语言文字，提升思维品质与审美境界。

四、思维品质提升与精神生长同步——新课标视角下的生成课堂价值

新课标指出，思维发展与提升是语文学科核心素养的核心。教师应该围绕这一核心来设计、组织课堂教学。与此同时，课堂又是发展学生思维能力，提升学生思维品质，促进学生精神生长的阵地。学生在课堂上通过具体的言

语实践活动来提升运用语言文字的能力，增强"思维的深刻性、敏锐性、灵活性、批判性和创造性"[13]，学生在培养思维能力和锤炼思维品质中实现精神增长。

生成课堂把教学引擎交给学生后，学生思维的真实状态便会在课堂上凸显出来。生成课堂上互联与聚焦常常交错出现。大家知道，互联与聚焦是生成课堂的动态性助学策略，彰显的是生成课堂的教学智慧。"互联是一种发散性、引导性、拓展新的助学策略"[14]。学生在互联状态下，会"自觉分析和反思自己的语文实践活动经验"[15]横向思维得以发展，思维的敏捷性、灵活性得以拓展。"聚焦是一种巩固性、加强性、提升性的助学策略"[16]。课堂聚焦以后，学生思维的深刻性、批判性、创造性也得以彰显。课堂上的大开大合，实际上是学生思维状态的大开大合。经过这样的大开大合，教师对于课堂上应该教什么和怎么教心中便会有定论。教学内容体现课程目标、围绕学生的问题来教便会成为教师的自觉选择。

生成课堂源于问题。学生在课堂上发现问题、提出问题是这是开启生成课堂的第一步，也是展现生成课堂的价值的起点。教师围绕学生的问题来展开课堂、推进教学，课堂上便会跳出原初预设，产生诸多意外与陌生。在这样真实的情景中，学生运用祖国语言文字的能力便会真正得以提升。在这样的课堂上，因疑生问、因问出思、因思考而萌生智慧，学生便会溢出独立思考与独特的研判，或沉思顿悟，或舌战群儒。总之，问题会在学生探讨、争鸣、质疑、答疑中得以消化解决。这时候，课堂上原生态问题的价值并得以体现，那就是撬动了课堂、激活了学生思维，纯化了学生的思维品质。

生成课堂重视关系与过程的营造，主张在学习过程中发展学生思维，达成学习目标。为此，生成课堂有了系统的操作模式，即提问与讨论、分享与交流、表态与辩论、朗读与议论、主持与探讨、讲课与讨论、批注与交流。这些操作方法在李老师的生成课堂上随处可见，这一系列的具体操作方法一起构成生成课堂上的教学活动。生生之间的交流、交锋，师生之间的碰撞、顿悟，主要体现在课堂上的讨论、分享、交流、辩论等具体的教学活动中。课堂上时常有这样的探讨，学生言说的能力肯定会得到发展，长此以往，学生经过生成课堂的教化便会萌生智慧。

美国教育家杜威说"教育即生长"。生成课堂与学生智慧萌发相伴相生、与学生精神生长相伴相行。课堂上每生成一点新奇的东西，学生视野便会扩大，眼界也会开阔起来。课堂上对文本的多样解读、智慧解读，甚至新奇的言语表达，都会彰显出学生的胸怀与视野。一个多方位思考、立体观照文本的学生，肯定会发现不一样的课堂风景，催生出不一样的人生智慧。当学习真正在课堂上得以发生时，学生眼里的新奇、脸上的兴奋便会外露，教者也会听到学生生命拔节的声音，感受到学生精神成长的快乐。这应该是生成课堂最有价值的地方。因为，这个时候，教学是依学生的需要而教、依学生的学力而教、依课程的需要而教。

参考文献：

[1][4][5][9][11] 李仁甫. 课堂的风景与语文的边界 [M]. 南京：江苏凤凰教育出版社，2014：11/7/21/83/55.

[2][3][7][8][12][13][15] 中华人民共和国教育部. 普通高中语文课程标准（2017年版）[S]. 北京：人民教育出版社，2018：1/4/3/3/6/6/6.

[6][14][16] 李仁甫. 你的语文课也可以这样灵动 [M]. 南京：江苏人民出版社，2017：217/77/77.

[10] 黄厚江.《语文的原点》[M]. 江苏教育出版社，2011：52.

（本文原载《中学语文》（上旬）2019年第8期）

回望一段相约成长的生命时光

梦想背后的艰难选择

孩童时,常比同龄人多收获一句赞美:"瞧,老师家的孩子就是不一样。"言者说"就是"二字的神态与语气,总让同伴们时常流露出一种欣羡的目光。为此,总觉得做老师的孩子特骄傲,心中便萌生出一份天真的愿望:长大后,我也要当老师。

其实,随着年龄的增长和社会的变化,人的理想是不断修正的。稍大以后,当我时常看到父亲捏粉笔的手课后又握住了犁耙时,当我睡一觉醒来后看到灯光下父亲披衣备课的身影时,当我发现高中一学期480元的学费要父亲五个半月的工资时,我动摇了。教师,真的是一个七尺男儿终身选择的职业吗?

高中毕业的时候,我高考第一志愿填的是经济类的专业。为了保险,最后一个志愿才填师范类专业。以我的高考分数肯定会被第一志愿录取,之所以选择经济类专业,大概源于记忆深处的酸楚。

奇怪的是,后来收到的竟是师范院校的录取通知书。一打听,比我分数低的同学都被同一所学校的经济专业录取了。诧异之余,忙问班主任。原来,当父亲得知我所填的志愿后,把我的全部志愿都改成了师范类,而且全部是同一个专业:汉语言文学。为此,父子俩发生了激烈的冲突。我自己扬言不去上学,准备复读。父亲也不过问。

假期浑浑噩噩快过完了的时候,有一天早晨,父亲下地未归,我在灶前帮母亲烧火做饭。母亲问我:真要复习?我答:肯定的。母亲再问:弟妹们怎么办？我无言。

我知道，这时候家里的经济状况不好。在我上高中的三年里，家里只送过一顿肉食。有时，吃米还要从外婆家里借来。父亲是民办教师，一个月工资 93 元，实在无法支撑家里的开销。我又是长子，多复习一年，弟妹们只会多苦一年，母亲会更苦。想到这些，我含泪答应了母亲，去上师范学校。母亲悄悄地捡好行李，准备好让我上学。父亲那一段时间总是早出晚归，较少看见人影。后来，才得知他正四处筹措我的学费。记得，当时学费加住宿费合计 5300 元；临了，才凑齐 3500 元。

大学报到那天，本是想一个人去的，可倔强的父亲不放心，非要送我去。就这样，父亲同我一起带着 3500 元学费来到了位于长江边的一座小城。

一进大学，我就有了小鱼进大海的感觉，享受到了自由自在的快乐。不过，很快便感觉到大海的浩瀚无穷，自己太过渺小、太过无知。这时候，我忆起父亲的教导：笨鸟先飞。常以"人一能之，己百；人十能之，己千之"来勉励自己。周末的时候，别人风花雪月，我带三个馒头一杯水泡在图书馆就是一整天。夜晚，别人流连于舞厅、歌吧时，我沉潜于枯燥的文学理论。寂静的午后，别人酣睡声正浓时，我只身躲在校园角落的石桌上整理自己的心绪，幻化成一篇篇别人认为饶有趣味的文章。

毕业的时候，看着不少老乡牵着女朋友的手回故乡，我也很羡慕。不过还好，我也有一位"情人"。我的这位情人便是八箱书籍和二十余万的文稿。我把它们打包，邮寄回了老家。

其实，我是有机会不当教师的；而且，这样的机会还有三次。

大学毕业的时候，我们已经不分配了。由于时任学校党委书记杜德华同志的推荐，当时的石台县烟草专卖局局长四次打电话给我，让我做他的秘书。只是听说不是事业编制，我听从了父亲的意见，回了宿松老家，做了老师。

工作的第二年，又有位领导叫我做他的秘书，只是暂时不解决行政编制问题，父亲又叫我放弃了。这一年的秋天，我从初中调到了高中。

2009 年 8 月的一天下午，我在家里睡午觉，宣传部一位领导亲自打电话给我，让我到他的办公室谈话。他告诉我，准备调我去宣传部。说真的，我也很想去，虽然钱少点，但工作比较轻松。不过，后来考虑再三，还是觉得教育更适合于我，便谢绝了领导真诚的邀请。是年九月，我调到了自己的母校——省级示范中学宿松程集中学。

毕业工作七年，上天待我不薄，两次调动、三易工作环境；有三次离开教育的机会，我都放弃了。如果说第一、二次是父亲的选择，第三次则是我经过认真思考后的抉择。这只能说，我与教师这个职业情未了。

职业懈怠，理性思索

教师工作琐碎，职业生涯枯燥，难免有过职业懈怠。工作的第十年里，曾有一段时光，我有了逃离教育的想法。可是在夜深人静的时候，常常想：除了教书，我还能干什么？细细思量，吓出一身冷汗。再次回望，投身十年的教育，恰恰是我立身之本，生命之望。

此时，我开始理性地思考职业的价值和意义。如果说满足于混日子，把教书仅仅当成谋生的手段，我们同石匠、木匠这些传统的艺人有什么区别？虽说工作无贵贱，但如果没有区别，求学路上苦苦追索十几年的价值和意义又在哪里呢？这样一问，我大脑便訇然中开，突然顿悟到我们工作的价值意义，就在于改变、发展一个人。这也是教师受到社会尊重的根本原因。从这个意义上说，教师的职业是崇高的，我们没有必要妄自菲薄。于是，我又振作起来，在心里面播下一粒希望的种子：我要做一名合格的语文老师。

心一笃定，行便开始。语文教师到底要过一种怎样的生活？寻觅归来顿悟，语文教师应该持一卷诗书、泡一杯香茗，在幽静的午后放牧思想，在黄昏的余晖里抒写性灵，做一点自己喜欢的事儿。

做一点自己喜欢的事

一个教师，可以做一点自己喜欢的事儿，是幸福的。教书之外，阅读、写作、交往便是我的最爱。其实，一个教师的阅读、写作、交往，都应该加一个修饰语，这便是专业。因为教师是我们的身份，教书是我们的事业。因此，教学便是着力点与落脚点。专业阅读、专业写作、专业交往便是为了这个着力点与落脚点。这样我们的成长才会既有在云端跳舞的生命姿态，又有踩着大地前行的无穷力量。

阅读是吸收。专业阅读是教师专业成长的基础。时下，不少教师总是以工作忙、没有时间为借口，逃避阅读、特别是专业阅读。可时间总是有的。鲁迅先生曾经说："时间就像海绵里的水，挤一挤，总是有的。"以我自己为例。目前，担任高中班主任并兼两个班的语文课，阅读目标是每天至少读一万字。时间从哪里来？一个字：挤。工作期间，每天早晨5：40起床，6点左右到教室。学生开始上晨读时，一般也就开始了一天的专业阅读。这样一个小时挤出来了，轻轻松松完成了目标。有时，甚至可以读更多的文字。除了早上，晚上也挤点时间出来（大约一个小时左右）读书。当然，一个教师，尤其是班主任杂事多、时间紧是可以理解的，但是我们要学会利用零碎时间。我有时也会在诸如开会的间隙、出差的火车上，读一些理论色彩不太浓的专业书籍。

时间有了保证之后，读什么书呢？我一般是读四类书。一是读课本，即读教材上的文章。现在，不少教师课堂呆板、毫无新意，一个很重要的原因，就是他们备课就靠百度，根本不读或只是简单地读课本。肖培东老师曾告诉我一个秘密：教材不读20遍，不进教室！走进肖老师的课堂，观察肖老师的课例，我们常常会发现，读课文始终贯穿整堂课。教师反复读课文才会发现文本的密码，进而真正理清一篇文章的情感脉络，从而不仅走进内容，而且走进形式，明白"教什么"和"怎么教"。

二是读有关文本解读的理论书。一个语文教师文本解读的能力，实际上体现出他上课的能力。一篇课文，你能解读出新东西，课堂才能上出新意，学生才能获得新知，形成新的能力。因此，一个语文教师不读文本解读理论书是说不过去的。当前，有两个人的书中学语文教师非读不可，一个是王荣生，另一个是孙绍振。对这两位老师有关中学语文教学及文本解读的相关书籍，应该来个通读后再精读。他们的相关书籍会告诉语文老师解读文本的方法、技巧。我们用这些方法、技巧解读文本，一定会有新发现！举个例子，我上《烛之武退秦师》时，便用了孙绍振老师讲的矛盾分析法，引导学生思考：标题中是"退秦师"，文章中重点写的也是"退秦师"，而文章却是以"晋侯、秦伯围郑，以其无礼于晋"开头，以晋文公"不仁、不知、不武"结尾，这是为什么呢？启发学生思考："礼、仁"在文中传达出的是什么？这里左丘明是想表达什么？由此学生进到了文本深处，通过运用历史还原法，课堂上便出现了新风景，语文边界得以拓展。

三是读教育类的书籍。教育是心灵的事业！教育教学，育人是根本。懂得育人艺术，掌握育人时机是关键。而这就要懂得育人之道、正确运用育人的规律。记得有段时间迷上了李镇西，便把力所能及找得到的李镇西老师有关班级管理的书读了个遍，才开始真正明白"我们到底要向李镇西学什么"。阅读后，你会从这位"苏霍姆林斯基式"的校长身上，感受到执着的教育情怀与丰盈的人生理想，汲取前行的力量！

四是读哲学与美学著作。这方面的书我读得太少。但我明白，一个教师要解决自己的教育困惑、提炼总结自己的教育思想，便离不开哲学与美学的牵引。中国先贤荀子的辩证法、性善论，王阳明的心学，朱光潜、李泽厚的美学专著；西方的经典哲学、美学著作都应纳入教师的阅读视野。当然，这类书籍难读难懂。教师要有较高的教育追求、达到一定的教育境界才会产生阅读的内在需求。

人常说，吃五谷杂粮的人身体强壮。因此，教师读书要杂。教育学、心理学、哲学、美学、民俗学等均应该依据需要有所涉猎。但同时读书又要掌握几个原则。既要精读（主要是经典著作），又要粗读，而粗读时也应该博观约取。既要读经典原著，又要关注时文期刊。每年都我订阅了当下中学语文教学领域绝大多数期刊，例如《中学语文教学通讯》《中学语文教学参考》《语文学习》《中学语文》《语文月刊》等都是案头的必备之物。哪天稍有闲暇，便拿起来读。当然，读期刊要得法。我通常的做法是先看目录，分清哪些要精读，那些只需浏览；再看文章长短，做好分类统计，长文章等有大块时间的时候再读，短的文章见缝插针花零碎的时间便可读完。这样，一年下来，所订杂志也基本看完。同时，阅读的时候还要做好钩玄提要以及摘录工作。每年我摘录的文字都能记满两三本笔记本。

写作是吐纳，是阅读与思考内化后的外化。

记得程翔老师曾在一篇文章中这样说，"一个教师，三尺讲台几十年，备课本写满几大摞，教案数以千计，这就是教师的财富。这些教案不一定都是成功的，但其中必有精心之作，把这些精心之作集中起来，就是一本课堂作品集。"其实,"精心之作"何止只有教案。一个语文教师书写的每一段文字,或许都出自精心,源于心灵。穿梭于这样性灵的文字间,犹如在语文与岁月的深处诗意旅行。

几年前,我通过网络与一群从草根成长起来的人相遇。后来他们中有人成立了"叙事者"团队,虽然至今我依然没有加入,但从那时起,我就一直像他们一样要求自己,自觉地书写我的教育故事,记录点点滴滴的感悟,游弋于诗意的教育生活里。于是,有了自选集《教育行走》(其一)《教育行走》(其二)之后便又有了本书。打开这几本几十万字的小册子,扫一扫目录,我便又想起了从繁秋时节到春意阑珊的每一天整理自己文字的诗意生活。闲暇时,对几年来自己留下的点点滴滴的文字进行梳理和总结,或许是见证自己成长历程的最好方式。

周国平曾这样说:"我写作从来就不是为了影响世界,而是为了安顿自己。"无独有偶,阿根廷作家博尔赫斯也说过类似的话:"我写作不是为了名声,也不是为了特定的读者,我写作是为了光阴流逝,使我心安。"其实,教师的教育写作也是这样。教师会在教育写作中不断反省自己的教育行为、提炼自己的教育智慧、明晰自己的教育理想、提升自己的教育品味与境界。从这个意义上说,教育写作指向的是生命,安顿的是灵魂。

梁恕俭先生曾说:"优秀的教师要学会写。"一个语文老师教师能写些什么呢?

一是写我们的课堂。每天挤时间把教学实录写下来,然后写好反思。因为课堂教学是我们的规定动作,记录课堂就是记录历史。教学实录便会让这一流淌着师生生命精神的历史鲜活起来!

课堂写作至少有几个特点。首先是真实。真实的东西往往接地气,有生命力和感染力。其次是写得快。因为是课堂上真实发生的东西,不需要想象,更不需要虚构,只需要将原生态课堂记录写起来,不耗时。再次是有价值。课堂上对文本的解读,对某个问题的处理,体现师生智慧,体现教学艺术,对别人有借鉴作用;同时,当教者教后再看自己的实录时,多会真诚地反思,找出不足,从而明白努力的方向。

正是因为课堂写作具有这些特点,报纸杂志的编辑老师也喜欢,所以投稿发表的机会更多一些。例如2017年五一放假回来后，上荀子《劝学》时，学生们对"君子"一词产生了兴趣，我便随即抓住契机，引导他们探讨"君子"的内涵，进而探讨荀子写"君子"的目的和意图，从而达到走进文本，走进作者，走进编者，走进学生的课程目标。课后，我把这个过程写下来，修改几遍后，5月8日投给了上海的《语文学习》，三天后便收到了终审通知：拟录用，待发第六期。后来果真收到了样刊和稿费。

二是写阅读后的思考和感受。读书与写作是一对孪生兄弟，读了些书自然便会有些思考，便会生长些智慧，因而有了表达的冲动。读了钱梦龙先生《教师的价值》后，我写了《教育就是在表达上花心思》，刊发在《语言文字报》上；读了吴忌先生《被收缴的语文》以及刘从良老师的随笔《止于至善》后，我写了《语文要有光》和《一个"人"的远方》，后来都刊发于《教育文汇》（文化）；读完刘祥老师的《有滋有味教语文》后，我写了《从无序走向有序》，发表在《语言文字报》上。这些年，写读教育教学专著后的思考与感受的文章早已超过20篇，期待将来能做成一个专题。阅读教育教学专著后写成的文章只是教育写作中的一小部分。大多时候，读书后思考内化的文字是以片段式、语录式的面目出现的。

当然，触动教师写作的未必是整部书，有时一篇文章、一件事也会引发共鸣，激发出我们思考与表达的欲望。例如读完2016年第13期《人民教育》"发现教师"专辑上南京孙双金校长发现教师的故事后，我写了《教师要善于发现自己》。在这篇文章中，我主张教师不要被动地等待伯乐发现，要勇于发现、推销自己。某次考试期间，听了一位同事讲自己中学时代读书期间发生的故事后，我写了《不寻常处便是教育契机》，后来刊发于2017年第4期《江西教育》（A）；把稿费单发到朋友圈引发非议后，我写了随笔《稿费，只是教育表达的副产品》。这些思考后的表达，或是对原作者观点进行补充、丰富，或是从故事中挖掘教育真谛，或是为自己正名，阐释新知，大多体现自己对教育生活的另一种理解。

其实，有形文字只是我们阅读的一部分，"教师要用教育之眼，发现世间之事"。一个教师只要有一颗育人之心，便会发现现实世界中寻常事件背后的教育真谛，感受到教育之力，体悟到肩上的使命之重！这些年，我正是用心思考身边的教育生活。在我的教育随笔自选集中，《一个连环故事带来的思考》《每个人都是一道风景》《做一个有良心的教师》《留一只眼睛看自己》等均是这样获得的。这些思考过后的表达加深了我对"什么是真正的教育"的理解。同时，也告诫我自己：教育之路漫长，教育之责重大，做一个好教师意义非凡。

  三是写学生。李镇西校长曾做过一件事，为学校每位老师写一篇素描。《中国教师报》为此开了专栏。我觉得我们也可以写自己的学生。当然，写的内容绝不只是素描。诸如把同学生谈话的内容记录下来、把给问题学生做思想工作的过程记录下来、把转化差生的过程记录下来、把班级贫困生背后的故事写出来；每学期用心为学生写评语、为学生写一封信；等等。这些均是十分重要的写作内容。若干年后，稍加修葺，便可成书。这样的写作，无论是对学生还是对自己均有重大意义。

  写作源于生活。教师的专业写作便是源于教育生活。只要我们热爱教育生活，用心于教育生活，便会有源源不断的写作素材。长期坚持，教师便会在教育写作中照亮教育人生，体验到做教师、干教育的幸福。

  当一个教师真正自觉地进行写作的时候，便会发现自己对教育的无知，这时就会从心底萌生出一种渴望。渴望通过阅读来提升自己，优化自己的教育写作。如果说一个教师的阅读史决定着一个教师的精神品位，那么一个教师的写作史就决定了一个教师的生命质量。阅读是吸收是积累，是思考与写作的内在需求。当一个教师真正沉潜下来不停地阅读的时候，他便会不断地发现风景，他自己也会以风景的姿态出现在世人面前。

  如果说阅读与写作是教师成长的双翼的话，那么专业交往便是教师成长的加速器。同卓越教师的交往，会让我们遇见更美的风景，激发出更高的专业追求，从而提升我们的专业境界，净化我们的教育心灵。这些年，我开始跳出狭小的圈子，与一群美丽的语文人相遇、相知、相惜，看见了更美的风景。李仁甫先生引我进生成群，让我平衡预设与生成；张少杰先生引我进"语文学习群"，让我知道前瞻高考，懂得落地生根；曹海英先生引我中语参群，让我明白群山之中有群峰；刘祥老师引我进三度群，让我感受到不只我一人在战斗。学习圈子的扩大，使教学视野更加开阔，思路更加清晰，目标更加明朗，步伐更加坚实。一路上，前辈们真心鼓励、热心指引，让笨拙的我也有了一丝提高的感觉，更萌发了生长的欲望。同时，同这些卓越教师交流，向他们学习，让我明白：虽然自己取得了一点成绩，但是同这些一流的教师相比，无论是学识还是修养，差距都很大。他们便像是一座座高山，是我仰望的对象，能让我认清前行的路。

专业阅读、专业写作、专业交往不是教师生活的全部，但的确是教师应有之责，也是教师二字内在含义的一部分。教师的身份要求我们教书育人，而教学便是着力点与落脚点。一个教师的专业阅读、专业写作、专业交往应该也必须聚焦教学。

如果一位教师的专业成长脱离了教学，我觉得便失去了意义，至少是绝大部分意义。从现实层面看，专业阅读、专业写作、专业交往如果不作用于教学，便不会获得校内支持，学生、家长也不认可。久而久之，教师便会失去发展的内外动力，这一点是毋庸置疑的。

一个教师在教学上站不稳脚跟，甚至误人子弟，于人有害，于己可耻！如果以专业发展为幌子，进行所谓的假阅读、虚写作，名利交往，将会对教学百害无一利。这样的人注定走不远！

真正的专业阅读、专业写作、专业交往是有助于教学的。教学搞好了，我们的行动才有说服力，也才能真正实现专业发展的目标。老实说，教学好是硬道理。教学好了，大家都认可。教学不好，所有的专业阅读、专业写作、专业交往便缺少力量支撑。

教学效果好是会变现的。毫不客气地说，无论如何追求专业发展，我们始终生活在现实世界里面。就当前现实而言，一个普通教师无法让妻儿过上无忧的日子，只有那些卓越教师才有可能。教学搞好了，便有这样的机会与能力，专业发展的家庭干扰便会少一些，甚至过去的阻挠会变成动力。一个教师家庭和谐了，身心才能真正和谐，才有自觉追求专业发展的心志与时间，而这一切很大程度上依赖于良好的教学成绩。

这些年来，因缘际会做了一些事，读了几页书，遇见过几个人，发了几篇文章，他（它）们一起涂抹着我这张不再年轻的面孔，也拨亮了我心中暗弱的灯火，让我感受到了温暖与希望。

不过，让我感觉自己还年轻着的是我的学生们。十六七岁的他们，或调皮，或聪颖；时而兴奋，时而忧郁。看到他们，我就看到了二十年前的自己。我知道，我必须努力让自己不仅仅是他们生命中的过客。而这，就需要用心同他们一起成长。记录一段故事、引发一点思考、获得一些心得，虽然更多是留给自己看的，是一个自我内化和提升的过程，也是一场关乎个人修为的旅行；但是同年轻的生命分享他们青春的生活，启迪他们的智慧，这本身就充满诗意。与这样的精灵一起迎接朝霞，吟赏落日，我感受到了为师的责任与幸福。正是穿梭于这样的诗意里，我忘记了什么叫疲惫，知道一个地方叫远方。

这样的我或许显得另类。但是当我读到《精进》里面的"一个成熟的人，他的标准来自内心，而大多数人却受环境的左右"这一句话后，我还是愿意沉溺于自己的世界。我坚信，哪怕是以蜗牛的速度行进，只要一路向前，从不停步，在浮躁的世界里，便可收获一份心安理得，做一个最好的自己。

因为，在寂寞的书斋里，一个教师，只有心里守得住宁静，手中高举温暖的火炬，肩上永扛育人的重责，才会真正安心于阅读、思考和表达。而这样的生活，本身就是一场抵达诗意的旅行。

后记

努力活成一束光

一

清晨,终于敲下了这本书的最后一个字。

站在窗前,顺着透过坚硬的玻璃直射进来的一束光,我的目光停留在一盆因连日阴雨而快要萎顿的花上。随着阳光照射的时间愈来愈长,慢慢地,收敛、卷缩起来的叶子开始打开、舒展,逐渐有了生气,终于成为一道风景。其实,何止是那一盆花,每一个人的成长,倘若能遇到一束束光,也能活出自己的模样。

这些年来,我一直在思考:教师的价值和意义在哪里?寻寻觅觅,终于顿悟:教师的价值与意义便是努力成为一束光,温暖着自己,照亮学生前行之路。

常常忆起大学毕业的时候,蔡澄清先生赠送的一句话:读点书、做点实验,努力做一个有追求的语文老师。掩卷沉思,曾有一段时光因名利牵绊、被人事纠缠,碌碌无为,辜负了先生的殷殷期望。直到遇见一本书——《被收缴的语文——一个特级教师的工作札记》(吴忌著)。终于发现,日常琐碎的教师生活原来也如此多彩,随性的教育言语竟能发出光华、温暖心灵。

心一笃定,寻便开始。一个个优美而健康的灵魂,便以站立的生命姿态大写在眼前。于漪、钱梦龙、蔡澄清、魏书生、王栋生、李镇西、曹勇军、黄厚江、肖培东、王开东、汲安庆、熊芳芳,这些闪光的名字一遍遍在心底淌过。

他们便是一束束光,使我心里亮堂起来。

于是,化沉沦为奋起、化抱怨为静读、化清谈为文字,生命便也慢慢丰盈起来。于是，每天除了上好语文课外，每一个温馨的清晨、每一个曼妙的午后、每一个恬静的黄昏，也会游曳于文字间。慢慢地，借助王荣生老师的《语文科课程论基础》，竟然可以略微抵达学科本性；透过黄厚江、李仁甫、刘祥、肖培东诸先生的文字，开始领略到语文课堂的魅力。原来，语文应该这样教，语文还可以这样教。

　　一个语文教师，一旦沐浴过一束束的光亮，心底就会逐渐温暖起来。当语文教师开始自觉追求诗意的语文与语文生活时，书本中便不只是有浓墨的文字，还有人格修养与文化传承；课堂上便不只是有师生对话，还有流动的思想之河。如此，语文老师方明语文之理、方解语文之味，在反复悟理吟味之中便会迈开知行双腿，抵达无边春色。

二

　　这些年来，尽情畅游于读写生活里，渐渐地、渐渐地竟也小有收获。些许教育教学文字见诸报刊，些许原生态课堂实录或教学札记幸获编辑老师青睐，得以在专业期刊发表。记得程翔老师曾在一篇文章中这样说："一个教师，三尺讲台几十年，备课本写满几大摞，教案数以千计，这就是教师的财富。这些教案不一定都是成功的，但其中必有精心之作，把这些精心之作集中起来，就是一本课堂作品集。"

　　这些原生态课堂札记便是我的课堂作品。札记中的每一段文字，大都出自原生态常规课堂，源于教学现场学生真实的思维碰撞。它们虽几无学理、又乏学识，不免稚嫩，但也是我用心思考、内化而成的文字。记录的是工作与生活中的忧愁和幸福，回味与反思的是课堂上的每一个精彩和失误，留下的是步履艰难中迈出的一串串脚印。

　　正是基于这样朴素的理解，于是乎萌生了将它们结集的愿望，姑且算作自己十八年语文教学经历的总结。

三

　　当我将近年来对课堂的思考与实践结集时，得到了许多师友的关照与帮助。

　　这本书得以面世，首先要感谢陈继英、成少华、郭跃辉、汲安庆、欧阳林、黄争荣、程浩平、肖培东、吴忌、邹天顺、段增勇、李仁甫、陈兴才、周丽蓉、陈淮高、胡家曙等十六位老师。没有他们就没有这本书。抱歉的是因体例之故,胡家曙老师对听课札记厚重的评述《微观视域中的理性自觉》一文并未收入本书,但胡老师关于语文教学的真知灼见,熠熠闪光,提携青年教师的胸怀宽广博大,令人钦佩不已。我和诸位老师大多并不相识,只是在网络上有过简单的交流,但是却得到了他们的支持与喝彩。虽然我的这些札记是肤浅的,所展示出的教学理论素养也并不高,但是承蒙十六位专家精心评点,有的评点文字量甚至超过了札记本身,这令我十分感动。他们对我浅薄的文字,不吝赞誉,又让我惭愧万分。我知道,专家们的赞誉是对一名青年教师的鼓励与点拨,当然还有期待。不过,我觉得他们已然不是单纯与我对话,而是围绕语文、语文教学的经验与问题,以及语文教学与学习的规律所展开的多维度研讨,他们以自己的智慧点亮了更多青年语文教师的天空。

请允许我向他们致以崇高的敬意!

这里我还要再次感谢汲安庆老师。书稿未成形前,我向汲老师咨询出版事宜时,得到热情鼓励和真诚支持;书稿完成后,他又悉心指导,热情推荐。可以说,安庆老师给了我宝贵的支持。

更为温暖的是,詹艾斌教授和李勇校长拨冗作序。语文教育专家詹艾斌先生不仅治学严谨,而且以奖掖后进为乐。这本集子里的不少文字蒙先生青睐,得以在《读写月报》(语文教育)发表,给我以莫大的信心,鼓励着我坚持书写自己并不完美的课堂。这次先生又在百忙之中阅读书稿并撰写序言,推介我的教学札记。先生与我仅有一面之缘,了解了我的语文教学思考与实践后,写下了这样深刻且厚重的文字,令我感动万分。我必将念念不忘。

李勇校长是我职业生命里的重要他人。与他一次偶然相遇后,我便有了离开乡村、走向城市,开启一段崭新教育旅程的念头。他以真正的教育人的眼光、胸怀影响着身边的教师,激发他们追寻教育的美好姿态,享受职业的尊严与幸福。一个教师,有此校长,夫复何求!

非常荣幸的是,书稿成书过程中,全国中语会原副理事长、安徽中语会理事长杨桦老师提出了很多很好的建议。最后虽因种种原因,定稿中未一一采纳,但我必须怀着虔诚的心,道一声感谢。从杨老师的文字里,我感受到了真正的师者情怀。

在这里，我要郑重感谢福建教育出版社的李惠芬老师。李老师以其资深专业编辑的教育眼光，认可一线教师坚持写原生态教学札记的价值，使书稿有机会出版。说句老实话，这对一名青年语文教师是莫大的鼓舞，也是最好的激励。

他们，便是我成长之路上遇见的一束束光，是我职业生命中遇见的贵人。

当然，也十分感谢我的同学和朋友们。南陵博文中学张大根老师、安庆一中刘磊老师、宿松龙山学校王锦菊老师帮我审阅、校对书稿，并提出了许多宝贵的修改意见；湖北程耀娟老师、李兰老师、李其斌老师用除心阅读外，还惠赐嘉评。他们让我十分感动。

这些年，陶醉于读写生活，终于有了一枚"果子"。这一枚"果子"虽然面相丑陋，甚至有些不堪入目，但于我，是一种极有意义的收获。有这样的收获，必须感谢我的家人。妻子从不因我收入少而真心埋怨，是她的理解与支持让我安心教书、静心读书、醉心写作，有机会做一点自己喜欢的事。父母从不因我碌碌无为而真心责怪，是他们的辛劳与付出让我独守一方天地而无后顾之忧。稚子从不因我时常缺席他们成长的重要时刻而真心抱怨，是他们的天真的笑脸与明亮的心灵让我忘记疲劳与烦恼，淡看生活中的得与失。是他们，我的亲人们，一起支撑了我的人生大厦，让我的生活温馨、圆融起来。

此刻，请允许我道一声感谢：感谢成长路上遇见的一束束光，感谢精神与烟火世界里的种种温暖。

四

我常常暗自怀想，若干年后，我是否也会和他们一样，成长为一束光亮？也许会吧，也许永远不会。不过，追寻的姿态本身应该是会发光的。

记得日本巨星黑泽明在回忆往事的时候，常常说自己是一只站在镜子前的癞蛤蟆，当发现自己的种种不堪后，竟吓出一身油……

我想，我也应该时常照照镜子，看看自己究竟是个什么东西。

张　敏

2020 年 11 月 3 日修改于听雨斋